我　　知　　故　　我　　在

know!

知道分子图书工作室

新周刊 主编

2017 语录

SPM
南方出版传媒
广东人民出版社
·广州·

图书在版编目（CIP）数据

2017 语录 / 新周刊主编 . — 广州：广东人民出版社 ,2018.5

ISBN 978-7-218-12786-6

Ⅰ . ①2… Ⅱ . ①新… Ⅲ . ①文摘—中国—丛刊 Ⅳ . ① C55

中国版本图书馆 CIP 数据核字 (2018) 第 079556 号

2017 Yulu

2017 语录

《新周刊》主编

出 版 人：肖风华

责任编辑：严耀峰　马妮璐
责任技编：周　杰　易志华
装帧设计：黄　东

出版发行　广东人民出版社
地　　址：广州市大沙头四马路 10 号（邮政编码：510102）
电　　话：（020）83798714（总编室）
传　　真：（020）83780199
网　　址：http://www.gdpph.com
印　　刷：三河市荣展印务有限公司
开　　本：880mm×1230mm　1/24
印　　张：11.25　**字　　数：**180 千
版　　次：2018 年 5 月第 1 版　2018 年 5 月第 1 次印刷
定　　价：38.00 元

如发现印装质量问题，影响阅读，请与出版社（020 – 83795749）联系调换。
售书热线：（020）83795240

前　言

经济水平的差距会带来时间的差距。这不仅仅体现在生活质量和审美水平上，也体现在人的生命周期上。三四线城市年轻人的青春还没过完，他们在"快手"上喊麦社会摇，在"败帝王斗苍天，夺得皇位以成仙"的旋律里发泄着荷尔蒙，而大城市的人早早进入中年，2017 年，第一批 80 后已经"中危"了，第一批 90 后已经脱发了，第一批 00 后宣布自己"佛系"了。

小城市的年轻人向往着去大城市折腾，大城市的年轻人折腾了一轮，已经凉了。刚刚成为新中产的 80 后经历了追逐财富、创业改变命运的狂热，从一成不变的上班族生活中出轨，希望改变命运，却一头跌进行业低谷，在谷底苦苦挣扎；而循规蹈矩眼看着身边人一夜暴富呼啸远去的 80 后，错过了互联网、错过了炒房、错过了内容变现，终于决定在区块链中玩梭哈，一辈子必须上次车。

90 后还没有看到养老的风险，只看到上一代拼了命却也挤不上车的年轻人，决定就势平躺，放弃努力，现在没钱算什么，以后没钱的日子还多着呢，至少丧的姿势比较好看。00 后连丧的力气也不愿付出，不争不抢无欲无求，无悲无喜立地成佛，佛系购物，佛系追星。

在人工智能的时代，或许 00 后是对的，反正我们以后都会是机器人的玩具，不如早点接受自己的无用。2017 年，是算法的时代。我们的思想是算出来的——思想由我们每天接触的信息构成，大数据的时代，你关心的，就是头条。时代的偶像也是算出来的，明星经营角色，不如经营人设，偶像不再是卖方市场，而是买方市场，从老干部到小奶狗，你喜欢的，就是人设。

2017 年，是"特朗普"元年。"特朗普"不只是人名，而是个形容词。"特朗普"代表了一种我们陌生的政治生态，他用词粗鄙，行为乖张，充满矛盾；他是美国政坛动荡和乱象的原因，也是变化的结果。在欧洲，主流政党虽然赢得重要选举，保住议会席位和政治首脑的职位，但民粹主义的势头并没有退去，冲击着越来越脆弱的共识政治。

2017 年，到底是终结的开始，还是开始的终结？没有人有答案。但动荡并非坏事，内心没有彻底颓败的人们或许应该克服丧的哀叹，争取更有尊严的生活。不须浪饮丁都护，世上英雄本无主。

执笔 / 蒋方舟（《新周刊》副主编）

目 录

2017 年 10 月 18 日至 10 月 24 日在北京召开的中国共产党第十九次全国代表大会，不仅是 2017 年中国的头等大事，也是全球的大事。（插图 / 李雄飞）

时事·政治

（国内）

随着中国日益走近世界舞台中央，中国理念、中国智慧、中国方案、中国机遇日益受到全球关注。新时代、新思想、新使命、新征程，意味着中国同世界关系更为紧密。中国故事，为世界上其他国家谋求发展提供借鉴，为各国共同发展提供启示。

——《人民日报》

我国社会主要矛盾已经转化为人民日益增长的美好生活需要和不平衡不充分的发展之间的矛盾。

——据新华网，2012 年 11 月 15 日，中共中央总书记、国家主席习近平说过这样一句话："人民对美好生活的向往，就是我们的奋斗目标。"5 年之后的今天，"美好生活"被写进十九大报告里。

中华民族迎来了从站起来、富起来到强起来的伟大飞跃。

中华民族伟大复兴，绝不是轻轻松松、敲锣打鼓就能实现的。

文化自信是一个国家、一个民族发展中更基本、更深沉、更持久的力量。

坚持反腐败无禁区、全覆盖、零容忍，坚定不移"打虎"、"拍蝇"、"猎狐"。

中国梦是我们这一代的，更是青年一代的。

——新华网、中国网等媒体摘编了十九大报告中的诸多金句，如上。

中国正在成为全球市场之网中"新的服务器"，"站在世界地图前"谋划维护世界和平与促进共同发展的中国共产党，将为世界经济的未来提供新的智慧与方案。

——英国广播公司（BBC）的报道说，十九大是一次"站在世界地图前"召开的大会。

当中国共产党和中国政府开口说话，全世界都会侧耳倾听。

——一位印度驻华记者这样谈他眼中的十九大。

中国经济长期向好的前景是光明的。

——习近平看好中国经济的前景，2017 年 11 月与来访的美国总统特朗普共同出席中美企业家对话会闭幕式、2017 年 12 月致信祝贺 2017 年广州《财富》全球论坛开幕时，他都表达了这一看法。

只要我们 13 亿多人民和衷共济，只要我们党永远同人民站在一起，大家撸起袖子加油干，我们就一定能够走好我们这一代人的长征路。

——据新华网，2016 年 12 月 31 日，习近平通过中国国际广播电台、中央人民广播电台、中央电视台、中国国际电视台（中国环球电视网）和互联网发表 2017 年新年贺词。

"一带一路"的"朋友圈"正在不断扩大。中国企业对沿线国家投资达到 500 多亿美元，一系列重大项目落地开花，带动了各国经济发展，创造了大量就业机会。可以说，"一带一路"倡议来自中国，但成效惠及世界。

——据新华网"学习进行时"，2017 年 1 月 17 日，习近平在世界经济论坛 2017 年年会开幕式上发表主旨演讲时表示。

坚持世界眼光、国际标准、中国特色、高点定位；坚持生态优先、绿色发展；坚持以人民为中心、注重保障和改善民生；坚持保护弘扬中华优秀传统文化、延续历史文脉。

——据新华网，2017 年 2 月 23 日，习近平主持召开河北雄安新区规划建设工作座谈会时提出建设雄安新区的"四个坚持"。

一个国家一定要有正确的战略选择，我国是个大国，必须发展实体经济，不断推进工业现代化、提高制造业水平，不能脱实向虚。

——据新华网"学习进行时"，2017 年 4 月，习近平在广西考察时重申，实体经济是我国赢得主动的根基。

2017年4月20日19时41分,搭载着"天舟一号"货运飞船的"长征七号"遥二运载火箭在文昌航天发射场点火发射。约596秒后,飞船与火箭成功分离,进入预定轨道,发射取得圆满成功。(图 / 新华社)

中国有句话叫良药苦口。我们采用的是全面深化改革这剂良方。

——据新华社电，2017 年 9 月 3 日，习近平在金砖国家工商论坛开幕式上讲话时强调。

全面建成小康社会，一个不能少；共同富裕路上，一个不能掉队。

——据新华社电，2017 年 10 月 25 日，习近平在十九届中共中央政治局常委同中外记者见面时强调。

合作是中美两国唯一正确选择，共赢才能通向更好未来。中美应该成为伙伴而不是对手，两国合作可以办成许多有利于两国和世界的大事。

——据新华社电，2017 年 11 月 9 日，在"习特会"上，习近平对中美关系发展有重要论述。

让人民过上好日子，是我们一切工作的出发点和落脚点。

——据新华社电，2017 年 11 月 10 日，习近平应邀出席在越南岘港举行的亚太经合组织工商领导人峰会并发表主旨演讲时强调。

厕所问题不是小事情，是城乡文明建设的重要方面，不但景区、城市要抓，农村也要抓，要把这项工作作为乡村振兴战略的一项具体工作来推进，努力补齐这块影响群众生活品质的短板。

——据新华网"学习进行时"，2017 年 11 月，习近平就旅游系统推进"厕所革命"工作取得的成效做出重要指示。

我们不"输入"外国模式，也不"输出"中国模式，不会要求别国"复制"中国的做法。
—— 据新华网，2017 年 12 月 3 日，习近平出席中国共产党与世界政党高层对话会开幕式并发表主旨讲话。这是世界最大政党向世界做出的庄严承诺。

中国对外开放的大门不会关闭，只会越开越大。
——据新华社电，2017 年 12 月 3 日，习近平致信祝贺第四届世界互联网大会开幕，在信中他这样表示。

无论历史的美好，还是历史的灾难，都需要真实。前事不忘，后事之师。我们要擦清历史的镜子，抹去灰尘，以史为鉴，走好未来的路。
—— 据新华社电，2017 年 12 月 13 日，习近平在出席南京大屠杀死难者国家公祭仪式后，会见了南京大屠杀幸存者代表和为抗战胜利做出贡献的国际友人亲属代表，并这样表示。

他（习近平）是很好的朋友、非常可靠的伙伴。
——俄罗斯总统普京如此评价习近平。据新华网的统计，2017 年，这两位国家元首一共会面 5 次。

他得到广泛的赞许，首先是因为他令中国再次伟大。
—— 美国哥伦比亚大学中国问题专家安德鲁·内森说，习近平在过去五年推行的反腐等政策方针赢得了中国民众的支持。

中国模式给世界提供了西方政治道路以外的中国方案,对国际社会有深刻影响,尤其是对那些想在独立自主基础上搞好建设、推动经济社会发展的国家而言,启发意义相当大。

——新加坡国立大学东亚研究所所长郑永年表示。

中国特色社会主义的理论价值,不仅在于它目前在全球经济中的重要性,而且在于它为广大发展中国家发展提供一种"替代经验"。

——长期研究中国问题的美国学者阿里夫·德里克的看法。

我希望所有强大或欠发达国家能够学习这种观念,也就是强大国家不把自己的发展模式强加于别的国家,欠发达国家不完全照搬别国发展模式,如果全世界都能做到,未来会非常好。

——针对习近平提出的"我们不'输入'外国模式,也不'输出'中国模式,不会要求别国'复制'中国的做法",摩洛哥真实性与现代党外事负责人吉斯兰·德鲁斯如此表示。

2017 年中国经济增长速度是非常亮眼的,达到了 6.9%,我们对 2018 年也充满了期待,中国经济增长会超过 6.5%。产业整合、消费升级、去杠杆化,会成为 2018 年增长的动力。

——2017 年 12 月 7 日,在《财富》全球论坛上,摩根大通董事总经理、亚太区副主席李晶对中国经济未来发展做出了上述预判。她认为,消费升级将成为拉动中国经济持续增长的最强劲动力。"在今后三年,特别是在电子商务的推动下,中国的消费市场会增长 2 万亿美元,增长部分相当于整个德国的消费市场。"

2017年12月7日, 广州。2017年《财富》全球论坛欢迎酒会在广州塔举行。图为酒会上表演的杂技《穿越传奇》。(图/视觉中国)

近十年来,人民高层次的物质性、社会性和心理性需要不断增长,人们都希望国家和政府提供高品质的物质产品,希望有一个安全、稳定、和谐、绿色、生态的居住环境,希望有一个"人能尽其才,地能尽其利,物能尽其用,货能畅其流"的社会环境,希望有一个政治民主、政府清廉、办事公平、执法公正、反腐倡廉、风清气正的政治环境,希望国家和政府满足人民高层次的精神生活需要。

——中国社会科学院学部委员、国务院参事、全国政协委员何星亮认为,"人民日益增长的美好生活需要"表现在三方面:物质性需要、社会性需要、心理性需求。

中国减少贫困人口取得的成绩是人类历史上最伟大的故事之一。

——世界银行行长金墉指出,中国经验值得中等收入国家借鉴。

网店是"新经济",但直接带动了实体工厂的销售;快递业作为"新经济"的代表,同样既拉动了消费也促进了生产。这些典型的新经济行业,实际上都是"生产性服务业",都是在为实体经济服务,也是实体经济的一部分。

——据人民网,2017 年 1 月 4 日,在国务院常务会议上,李克强为"虚实之争"定调。

砍掉审批是削减权力,砍掉行政性事业收费权那是拆香火,难呐! 但为了人民的利益,即便壮士断腕也要推动这项改革。

——据新华网,2017 年 3 月 4 日,李克强参加全国政协经济、农业界联组讨论时说。

我们面对的是世界经济和贸易增速 7 年来最低、国际金融市场波动加剧、地区和全球性挑战突发多发的外部环境，面对的是国内结构性问题突出、风险隐患显现、经济下行压力加大的多重困难，面对的是改革进入攻坚期、利益关系深刻调整、影响社会稳定因素增多的复杂局面。在这种情况下，经济能够稳住很不容易，出现诸多向好变化更为难得。

——据新华网，2017 年 3 月 5 日，李克强总理做政府工作报告，认为"中国经济有潜力、有韧性、有优势，中国的发展前景一定会更好"。

现在大家已经"吃得饱"了，更希望"活得好"。这就要求不仅吃喝要有质量，同时呼吸也要有质量。我在国务院常务会议几次讲过，如果有科研团队能够把雾霾的形成机理和危害性真正研究透，提出更有效的应对良策，我们愿意拿出总理预备费给予重奖！这是民生的当务之急啊。我们会不惜财力，一定要把这件事研究透！

——据新华网，2017 年 3 月 9 日，李克强在十二届全国人大五次会议陕西代表团参加审议时说。

经济全球化有利于深化国际分工、提高生产效率、扩大市场规模，进而推动经济增长，符合各国的根本利益，是不可逆转的历史潮流。天下事有利必有弊，经济全球化也是如此。积极适应和参与经济全球化，不是选答题，而是必答题。国际社会应共同努力，把这道题答得更好，解决好经济全球化进程中遇到的问题，使之朝着更加包容普惠、公正合理的方向发展。

——据人民网，2017 年 3 月 24 日，李克强在中澳经贸合作论坛上的演讲。

我看到有些城市，街边到处是小店，卖什么的都有，不仅群众生活便利，整个城市也充满活力。但有的城市规划、管理观念存在偏差，一味追求"环境整洁"，牺牲了许多小商铺。这样的城市其实是一座毫无活力的"死城"！

——据新华网，2017 年 4 月 6 日，在国务院常务会议上，李克强如此表示。

几年前微信刚出现的时候，相关方面不赞成的声音也很大，但我们还是顶住了这种声音，决定先看一看再规范。如果仍沿用老办法去管制，就可能没有今天的微信了！

——据人民网，2017 年 6 月 21 日，在国务院常务会议上，李克强举此例要求政府部门对待各类新业态、新模式要有"包容审慎"态度。

大家翻翻科学史，人类的重大科学发现都不是计划出来的！

——据人民网，2017 年 7 月 12 日，在国务院常务会议上，李克强对与会各部门负责人说。

设立雄安新区是以习近平同志为核心的党中央做出的一项重大的历史性战略选择，是继深圳经济特区和上海浦东新区之后又一具有全国意义的新区，是千年大计、国家大事。

——新华社对雄安新区的定位。

80 年代看深圳，90 年代看浦东，21 世纪看雄安。

——有分析认为，雄安新区虽然对标深圳和浦东，但它不是过去任何一个城市的复制品，而将是一个全新的未来之城。有媒体概括了雄安的未来定位：生态之城、标杆之城、宜居之城、创新之城。

2017 年 6 月 30 日，ofo 推出小黄人版共享单车。图为杭州一商场前的小黄人版共享单车。(图 /IC)

这个地方不能太远,也不能太近。太近容易连成一片,达不到疏解目的;太远则难以接受北京的辐射和带动,不能更好地承接和转移非首都功能。

—— 为什么是雄安?由新华社记者集体采写的《千年大计、国家大事——以习近平同志为核心的党中央决策河北雄安新区规划建设纪实》中披露,选定雄安,是经过各方反复深入论证的。

中国很多内陆城市和区域要想复制深圳或浦东比较困难,但与现在的雄安更相似,所以将来雄安走出来的路会具有更大的推广意义。

—— 京津冀协同发展专家咨询委员会副组长、中国工程院副院长邬贺铨表示。

我们不会靠优惠政策、低廉土地来"挖墙脚",而是靠优良的公共服务来吸引人,在住房、教育、医疗等方面形成竞争力。

—— 雄安新区党工委书记、管委会主任陈刚在十九大河北省代表团媒体开放日上说。

可以提高工作效率,认真把脉群众所思所想,同时也是对新区各个政府机关,特别是主要领导人的监督。

—— 雄安新区公开 7 名县领导的个人手机号码,容城县县长王占永表示,所有电话都是自己接。

在党的领导下,只有党政分工、没有党政分开,对此必须旗帜鲜明、理直气壮。

—— 时任中纪委书记的王岐山"两会"期间参加北京代表团审议时说。

不松劲、不停步、再出发。

—— 十九届中央纪委常委会召开第一次会议,中央纪委书记赵乐际主持会议并讲话。

希望掌握经济权力之后谋取政治权力,这是十分危险的。
——中纪委副书记、监察部部长杨晓渡警告那些用财富来围猎官员的企业家。

这是无稽之谈! 从哪里得来这个印象?
——被问及中共十九大前反腐败的力度是否会减弱时,杨晓渡回答道。

中纪委这地方谁查啊?
—— 反腐专题片《打铁还需自身硬》将镜头对准落马纪检监察干部。十八大之后中纪委机关首个被调查的厅局级干部、中纪委第四纪检监察室原主任魏健这样表示。魏健曾参与查办薄熙来案、戴春宁案等大案要案。

引进"萨德"显然是一个错误的选择,不仅有违为邻之道,而且很可能使韩国陷入更加不安全的境地。
——2017 年 3 月 8 日,外交部部长王毅在"两会"记者会上谈到"萨德"时表示。

中国在半岛核问题上的政策是一贯和连续的,不会改变,忽悠没用,施压没用,威胁更没有用。
——针对高度复杂敏感的朝鲜半岛局势,外交部发言人华春莹在外交部例行记者会上表示。

我觉得你可能有点想多了。你在中国生活的年头也不短了,可以再了解一下元宵节在中国年俗文化中的意义。
—— 美国总统特朗普在元宵节之际给习近平主席发来贺电。当被问及这一问候是否来得太迟时,外交部发言人陆慷回答道。

希望台湾当局审时度势,尽快回到"九二共识"上来,不要再做逆潮流而动、不得人心的事。奉劝岛内某些人士,一定要睁开眼睛看世界,要摆正自己的位置,不要做井底之蛙。

——2017 年 7 月 14 日,针对"蔡英文称很荣幸接待巴拉圭总统"一事,外交部发言人耿爽回应道。

未来国民党在"九二共识"基础上,仍将坚决反对"台独"。

——2017 年 8 月,中国国民党第 20 届第一次代表大会在台中市举行,吴敦义宣誓就任党主席。他在大会开幕典礼上发表演说时就两岸关系如此表示。

20 年前,香港有选举吗? 港督是选出来的吗?

—— 中国驻英国大使刘晓明在接受英国广播公司 (BBC) 访问时,被问及回归 20 年来香港的民主制度是否受到侵蚀。对此,刘晓明如此反驳。

他们的列队行进可真帅……简直如雕塑一般整齐!

——2017 年 7 月 30 日上午, 1.2 万名官兵参加了在内蒙古朱日和训练基地举行的建军 90 周年阅兵式。俄罗斯网友阿列克谢表示"给跪了"。

厉害了,我的国。换的不只是一张图,还意味着我们国家的卫星导航等技术的崛起和强大。

——2017 年 9 月 25 日,"风云四号"正式交付用户使用的日子,微信启动画面上的地球从美国宇航员 45 年前拍摄的"蓝色弹珠"变成了由"风云四号"在中国上空拍摄的"国产"地球。有网友评论道。

2017 年 6 月 19 日,河南濮阳,来自全国石化系统的消防管理人员在基地接受为期 7 天的危化品真火实战培训。(图 /IC)

高铁里程数增长改变了人流、商品流、资本流，所造成的最大的影响是中部崛起。

——截至 2017 年 4 月，中国已投入高铁运营里程达 2.39 万公里，在建里程达 1.07 万公里，全球占比分别为 57.87% 和 97.72%。财经作家吴晓波认为，中部崛起、中部能力提升，东南沿海向中部地区进行产业转型，在 2018 年将呈现非常显著的特征。

中国的"新四大发明"：高铁、支付宝、共享单车和网购。

——一项由"一带一路"沿线 20 国青年参与的评选得出的结果。英国弗雷斯特市场咨询公司首席分析师戴鲲这样评价"新四大发明"："虽然不是所有这些概念、商业模式或相关科技都起源于中国，但这些产品和服务都改善了旅行者、消费者和市民的体验，推动了中国乃至全球经济发展。"

目前这方面的技术还不成熟，Wi-Fi 有很多频率，高铁调整速度也是通过频率，有些频率可能会重叠。而且按现在的技术，Wi-Fi 的接收器是车轮附近，在那么快的速度下，接受效果是很差的、不稳定。

——全国人大代表、中国工程院院士、中铁隧道集团副总工程师王梦恕谈及高铁上为何不装 Wi-Fi。

中国基本没赶上前三次变革浪潮，但是中国用 30 年的时间来补课，30 年走完了人家 200 年才走完的三次工业革命，这是中国很了不起的地方。我认为，中国已经把过去落下的课程补好了，现在跟其他人站在同一条起跑线上。

——自然语言处理和搜索专家吴军是中美科技行业的亲历者和见证者，他在谷歌和腾讯担任过高管，2014 年转型成为风险投资人。他这样表示。

到今天,全省国资国企欠薪约 54.6 亿,拖欠社保 118 亿。……我们有两万多亿的国有资产,并且,每年还维持着庞大的投资,为什么投资还有钱,工资社保就可以欠着呢? 根子上还是理念问题。

——山西副省长王一新建议,在五一劳动节到来之前,把历年拖欠的工资和社保全部还清。

有些购物店之所以那么嚣张,为什么就关不掉呢? 背后有人吧。对于造成恶劣影响的购物店,工商、公安甚至纪检部门要去查查。

——云南省政府开会讨论"旅游市场乱象",省长阮成发这样表示。

这些暴力伤医事件的发生,背后是什么? 是我们的政府没作为! 怕作为!

——山东省委书记刘家义谈严打医闹,强调花钱买不来平安。

站也不是,蹲也不是。

——《人民的名义》播出后,有网友发现剧中反映的"光明区信访局"蹲式窗口并非段子,而是真有其事。郑州市社保局的对外窗口被如此吐槽。

最后,零售业还是会回归的。

—— 全国人大代表、杭州娃哈哈集团董事长兼总经理宗庆后在"两会"上称,很多电商花钱买流量的做法,把实体经济的价格体系搞乱了,并相信零售业会回归。

不是互联网冲击了你，是保守的思想，不愿意学习的懒性淘汰了你，是自以为是淘汰了你。

—— 阿里巴巴董事局主席马云提出"新零售、新制造、新金融、新技术和新资源"五大变革，宗庆后认为"除了新技术，其他都是胡说八道"。马云则如此隔空回应。

我们遗忘了很多年、认为已经处于产业鄙视链最底端的那些行业，像零售行业、夫妻店、7-11、24 小时便利店、百货店，在今天成为中国商业界最值得投资的标的物，出现了很多新品牌。

—— 财经作家吴晓波理解的"新零售"。

90 后不愿意去实体经济里工作，在家里开个网店，一个月赚一两千不用受约束，不用打考勤，这一代人对国家经济发展的影响是有隐患的，不仅仅是网店模式给实体经济带来冲击，它给整个社会都带来了冲击。

—— 在央视财经频道播出的《对话》节目中，格力电器董事长董明珠就"哪些因素造成了实体经济的寒冬？"发表看法。

中国有 14 亿人口，8 亿在上网，5 亿已经开始网上购物；我们有 3 亿中产，每年 1.3 亿中国游客在全球旅游。这几乎就是一个移动的国家！现在我们每天投递 8000 万包裹，未来可能达到 10 亿……这些都是正在发生的事。

——在多伦多"中国门户"大会上，马云鼓动在场的 3000 多名加拿大小企业主参与"消费狂欢"。

2017 年 7 月 30 日,内蒙古。庆祝中国人民解放军建军 90 周年阅兵在朱日和联合训练基地隆重举行,图为分列式现场。
（图 / 新华社）

从今年（2017年）第二季度开始，中国已经常态化进入单日快递亿件时代，这是又一个具有里程碑意义的节点！

——国家邮政局局长马军胜表示。

外卖配送员到达消费者门口，应轻声敲门，若无人响应，应电话或短信联系消费者。外卖配送员不应进入消费者家中、收取小费或有其他不文明举止。

——2017年8月6日，《外卖配送服务规范》团体标准在京发布。

经过多年量化宽松，我们已经到达周期的尾部，货币政策不再是宽松政策。

——央行行长周小川表示，中国政府不会依赖于"直升机撒钱"式刺激措施。

不能只记得目标，而忘记改革。

——中财办副主任杨伟民表示，要减少政府对资源的直接配置。

通过货币政策和财政政策加杠杆，给出了经济稳定的幻象，导致人们不愿意忍受改革阵痛。

——全国社会保障基金会理事长、财政部前部长楼继伟强调，不能浪费货币和财政政策买来的时间。

实体经济改革不到位时，金融改革超前了，就是在自娱自乐。

——国务院参事夏斌谈金融改革。

当今,没有不讲政治的金融,也没有不重视金融的政治。

——证监会主席刘士余在深圳证券交易所 2017 年会员大会上致辞。

我觉得你们讨论这些问题好像没多大意思,中国的问题不在 GDP 增长多少,而在发展的质量和效益。不要引导大家老关注数字,数字最没有意义。

——2017 年 6 月 28 日,在大连夏季达沃斯论坛上,清华大学教授李稻葵、国际货币基金组织(IMF)前副总裁朱民均认为 2017 年中国的 GDP 将维持在 6.7%,李稻葵甚至表示,如无意外,2018 年 GDP 可达 6.9%。紧随二人发言的中石化前董事长傅成玉则如此直言。

到 2035 年,50%～70% 的工作岗位将被机器取代。这个冲击是巨大的。所以政府必须提前做(准备)。

——IMF 前副总裁朱民发出警告。

这几年居民收入的平均数增长得很快,但中位数没怎么增长,表明中产阶层的收入被削弱了。

——中国人民大学副校长刘元春称,中产阶层收入被削弱。

一句话概括:国有企业后退一步,中国经济海阔天空。

——深圳创新发展研究院理事长张思平表示,近几年国企布局过广问题不但没有减轻反而大大加剧了。

东北经济下行的原因是人才流出严重,吸引外来人才不足,高端人才短缺,造成此种现象的重要因素是东北寒冷的气候环境。

——国家发改委副秘书长范恒山剖析东北经济现状和特点引争议。

我觉得中国想要什么东西它就会得到,它会让这个东西实现,我觉得电动汽车在中国发展会非常好。

——福特汽车公司执行主席比尔·福特表示,中国很有可能在电动汽车方面起引领作用。

共享单车是城市慢行系统的一种模式创新,实际上也是"互联网 + 交通运输"的一种实现方式。

——在国新办新闻发布会上,交通运输部部长李小鹏就共享单车的问题作出回应。

我们平台上有 1000 万辆小黄车遍布全世界,每天交易频次大概在 3200 万。中国最大的交易频次的平台是淘宝,每天是 4000 万,目前我们排在第二位。

——ofo 联合创始人张巳丁在出席 2017 年广州《财富》全球论坛时表示。

真的当做公益了。

——悟空单车倒闭,创始人雷厚义搭进去 300 多万元,1000 多辆单车也不见了踪影。

2017 年 8 月 27 日,香港。台风"帕卡"来袭,一名女子撑着伞走在雨中。(图 /IC)

以"共享"为噱头发展出的各类产品，其实违背了共享概念的宗旨——强化使用权、弱化拥有权，非但没有释放闲置资源的价值，反而还可能造成更多的资源浪费。

—— "共享睡眠仓"在北京、上海和成都等城市刚刚推出就被叫停。针对这些"假共享"，《联合早报》文章评论道。

建议按照共享单车损坏率评比文明城市。

—— 推特网友"zmt0516"的建议。

我自己作为骑自行车的一员，就经常感到非常害怕。

—— 工商总局局长张茅谈电动自行车违规。

以前易到是工作日的 10 点到 15 点都可以提现，现在能提现就等同是中彩票一样的概率。

—— 2017 年 4 月 17 日起，易到每日安排线上资金 300 万元，用于司机随时线上提现。对此一位深圳易到司机反映。

距中国进入无现金社会还有 16×× 天。

—— 2017 年 2 月，支付宝宣布要用 5 年时间把全中国推进到无现金社会。它的微信公众号和微博，隔三岔五就会给用户推送这样一条极具紧迫感的信息，就像当年的奥运会倒计时钟一样。

居然还要等 8 年!

——台当局称,希望到 2025 年将移动支付普及率提升到 90%。此举遭到台湾网友的群嘲。

对工商业房地产和个人住房按照评估值征收房地产税,适当降低建设、交易环节税费负担,逐步建立完善的现代房地产税制度。

——财政部部长肖捷首次提出按照"立法先行、充分授权、分步推进"的原则,推进房地产税立法和实施。

中国最终应该有房地产税法,应该有住房法,老百姓租赁房的法律,其实我刚刚说的所有事情,都应该在这三个法律的框架下。

——全国人大财经委副主任委员黄奇帆现身复旦大学,万字报告讲透中国房地产症结和药方。

在学区房热高烧不退的现实中,租购同权只是幻影,或者说只是房屋租赁市场的一个炒作点。

——2017 年 7 月,广州市政府发布《广州市加快发展住房租赁市场工作方案》,舆论焦点集中在其第一条"保障租购同权"上。教育学者熊丙奇撰文认为。

凯文·凯利有一句名言:使用比拥有更重要,分享比使用更重要。从这个角度上看,互联网时代和人工智能时代的到来是反房地产的。

——SOHO 中国董事长潘石屹认为,共享经济是中国房地产的未来。

在资产荒的情况下,我拥有中国境内的房子比拥有中国境内的人民币要好。

——潘石屹曾在 2016 年的年中业绩会上表示将出售世纪广场等项目,后来却改变了想法。

控也好，不控也好，反正北京房子我都买不起。

—— 银监会前副主席蔡鄂生在 2017 年博鳌亚洲论坛上调侃道。

房价不可能在地价高涨的情况下迅速下降或出现崩盘、泡沫等情况。

—— 华远地产前董事长任志强表示，2017 年房地产销售从面积到金额，都将创历史新高。

我又没有做房地产，为什么说不务正业？如果一个企业想赚大钱的话，应该搞房地产，但是格力并没有。

—— 董明珠宣称格力不搞房地产。

这是一个被房子统治的地方，全国人民都在追求房子，一个人的地位和尊严，被他所拥有的平方米决定。

—— 美国人大卫·博伦斯坦在中国读博期间成为"白猴子"，即用老外身份扮演各种角色，出席活动、代言品牌。这些经历促使他拍摄纪录片《梦想帝国》。这是他的一个发现。

自去年（2016 年）入冬以来，全国多个地区出现多起大面积、长时间的重污染天气，大家感到很焦虑，作为环保部部长，看到雾霾天，也感到内疚和自责。

—— 环保部部长陈吉宁就重污染情况回答媒体提问。

如果这样，几乎所有的环境污染都可以纳入"自然灾害"的范畴。

—— 北京市将霾写入《北京市气象灾害防治条例（草案）》。环境法专家吕忠梅对将霾定义为气象灾害表示质疑：那么大气污染的其他形式如酸雨、光化学烟雾呢？

艺术家陈安建油画作品《茶馆系列——帅》。(图 / 了了艺术传播机构)

有人用这样一句话描述北京治霾形势，"人要努力，天要帮忙"。我认为，这句话后面还应该补充一句话，"天不帮忙，人更要努力"。

—— 2017 年 1 月，时任北京市代市长的蔡奇就重污染天气与媒体、企业、市民代表座谈。他表示，自己来北京工作后已经形成一种习惯，每天早晨起来第一件事就是看天气、看空气质量指数。

北京 PM2.5 值 264，天津 PM2.5 值 381，北京停课五天，天津照常上课，北京的孩子是祖国的花朵，天津的孩子是绿萝。

—— 一个网络段子。各地网友则将之作了本地化改造，将与北京对立的天津置换为"石家庄""临沂"等，意思一样，有花朵也有抗造的绿萝。

单双号限行再往上，还可以按日期限行，车牌最后一位数字与日期尾数相同才能上路，可以把车流量控制到十分之一。在这个基础上再每天从 0 ~ 9 抽一个数字，车主身份证最后一位数字也匹配了才能上路，可以控制到百分之一，这个就无法目测了，只能电子监控。然后可以继续加数字，越来越像买彩票了。

—— 推特用户"vicch"对单双号限行政策的建议。

全国哪个城市有关于二氧化硫的专门预警？你找给我看看。

—— 2017 年年初，山西临汾频现超高浓度二氧化硫污染事件。面对未启动预警的质疑，临汾市环保局副局长张文清如此反问记者。

只要心中有阳光与氧气，雾霾终究会散去。

—— 成都出现雾霾，有学校通知师生一律不准戴口罩，一位教师这样表示。

这里（美国）的空气是那么的清新甜美，显得格外的奢侈。

—— 美国马里兰大学毕业典礼上，来自昆明的留学生杨舒平在演讲中说中国的空气肮脏不堪，而自己在美国感受到了甜美、自由的空气。这番言论引发巨大争议，"@昆明发布"反驳称："昆明四季如春，气候宜人，截至 2017 年 5 月 8 日，昆明市空气质量优良天数比例达 100%。"

还北京一个美丽的天际线。

—— 2017 年以来，北京市委、市政府多次提出这一目标。2017 年 9 月，《北京市牌匾标识设置管理规范（修订版）》出台，规定所有高出建筑物、外挂的标识都属于清理范围，对于牌匾的字号大小、悬挂位置也有严格要求。2017 年 11 月 24 日，北京展开"亮出天际线"专项行动。

城市天际线是城市之美，不能被户外楼顶广告所破坏。

——北京市委书记蔡奇表示，"要从小微处营造美感，让城市经得起品味、耐得住细看"。

城市的核心是人，要塑造错落有致、富有韵律的天际线，也要关注到人心的起伏。这其实是一条比天际线更重要的曲线。

——楼顶标志、路边店招是城市的表情包、出行的坐标系，"亮出天际线"行动集中清理了不少标志、招牌，让北京市民不习惯，引发了对这一行动的质疑。《人民日报》评论文章指出："在摘除过程中，在有法可依的前提下，或许也可以考虑一下社会承受力的问题。"

北京式断舍离：断了社保，舍了买房的念头，离开北京。

——饭否用户"sexyfish"对"断舍离"的新定义。这个"地方版""断舍离"还可以延展到其他城市。

海南省正迅速成为"中国的佛罗里达州"，吸引着众多退休者逃离北方故乡的严寒。……每年冬天有六七十万老人来三亚居住，几乎约合该市人口的两倍。这些"候鸟"中近半来自东北三省。

——法新社报道称。东北人占领海南省的说法并不新鲜，两三年前就有俗语称，黑吉辽琼合称"中国东四省"。

如果把法国大革命前夜形势危急的巴黎和伦敦对应为美中的两座城市，那么硅谷就是已经完成革命的伦敦，深圳则是等待革命的巴黎。

——《日本经济新闻》评论员中山淳史在《中美IT双城记》一文中将硅谷和深圳进行对比。他在当地还听到这样一个说法：硅谷的一个月就是深圳的一星期。

一个没有广场舞大妈的城市，并不意味着每个大妈都得到了妥善的安置。而是每个大妈都只能选择在家里郁郁寡欢，孤独终老。

——在洛阳发生的"广场舞大爷围殴篮球少年"被视为两代人的城市空间争夺战。品玩网（PingWest）文章认为，当下很难再找到一种活动像广场舞那样可以同时满足价格低廉、强身健体、加强社交了。

什么清华北大，都不如胆子大。

——在清华企业家讲堂上，万达董事长王健林认为"富贵险中求，敢闯敢干竞风流"。

合肥供水集团的抄表工刘涛热爱街拍，他被称为"野生摄影家"。图为他拍摄的合肥街头的日常。（图／刘涛）

我明确告诉你我不会套现，我的目标就是要建立一个至少中国最大，或者说有没有可能世界最大的慈善基金，我奋斗的目标就是享受这个过程。

—— 当被问到是否会在公司上市之后进行大规模套现时，王健林如此回答。

积极响应国家号召，我们决定把主要投资放在国内。

—— 有关部门排查海外投资，关注高负债企业，王健林对此表态道。

我什么时候跑了？跑到哪里去？去干什么？我爱我的祖国是因为幼时我妈跟我讲，子不嫌母丑，狗不嫌家贫，堂堂七尺男儿，因为贪图享受就跑？

—— 福耀玻璃集团创始人、董事长曹德旺回应"跑路"说。

离开万科是早就规划的，但一旦决定退休的时候，可能会伤感两三天。

—— 经历宝万之争的万科董事会主席王石发表告别演讲。

如果你底子是一个很本分的人，想做一个高尚的人就会比较容易；如果你本身就比较油滑，平时干点偷税漏税不善待员工的事儿，有一天忽然说：我们也做公益，那不可能和你干的事情一致起来。

—— 王石在美国向房地产特训营的学员介绍经验。

政府天天在给企业松绑，但有些企业还是会死，因为你没有创造力。格力交了200亿的税，没觉得很困难，因为我们有技术。

—— 董明珠这样表示。

好的企业不仅仅是好产品,还要对社会负责任,对税收、社会、股民负责任；贾跃亭弄了一个概念,把股民的血汗钱弄没了,带给社会负能量。

——董明珠在演讲时怼贾跃亭。

这应该是一起乌龙事件。

——2017 年 8 月 10 日,在纳斯达克上市的海亮教育股价异常暴涨,凭借 5.4 万亿美元的市值,海亮教育的实际控制人冯海良持股 92.8%,身价 5 万亿美元,是比尔·盖茨的 50 倍,当了 8 分钟的世界首富。

牛奶万里迢迢地拿来让中国人喝,居然还有消费者拿着说"我喝的是欧洲的鲜奶！",你傻吗？

——中国奶业协会会长高鸿宾表示,目前中国奶业面临的最大问题是国民对国产奶源的不信任。

我跟赵薇,加起来见面也没超过十次,其中大概至少五次还是因为公益活动在一起。

——赵薇、黄有龙夫妇因收购万家文化（已更名祥源文化）过程中涉嫌信息披露违法违规,被证监会处罚。据传赵薇和马云关系很好,马云澄清,称自己与赵薇并不熟。

整个中国有 12.8 万个贫困村,而中国的千万富翁、亿万富翁已经超过一百万。只要有 10% 的人站出来,去每个村做名誉村长,用你的所有资源去帮助这个村,那么我相信中国的扶贫攻坚战在 2020 年一定可以实现。

——2017 年 12 月 4 日,在第四届世界互联网大会"共享红利：互联网精准扶贫"分论坛上,刚刚受聘为河北阜平平石头村"名誉村主任"的京东董事局主席兼首席执行官刘强东的发言。

互联网其实只是一道开胃菜，真正的主菜是人工智能。

—— 百度首席执行官李彦宏在 2017 中国 IT 领袖峰会上表示，人工智能是堪比工业革命的新技术革命。

直播到哪里，党建就推进到哪里。

—— 直播平台成立"网红党支部"，斗鱼公司首席执行官张文明对此表态。

我们的坏账，一律不会催促他们来还钱。电话都不会给他们打。你不还钱，就算了，当作福利送你了。就这样。

—— 在《趣店罗敏回应一切》里，罗敏回应了此前媒体和公众对趣店向学生放高利贷、受制于支付宝和其风控系统的质疑。2017 年 10 月 18 日，趣店集团在美国纽交所上市。

两年前，从硅谷到中国冒出了一大批叫"×××VR"的公司，其中有一些还是从"3D×××"更名过来的。到了今年，潮流变成了用 ×××.ai 作为域名，或者把项目名称改成 Deep×××。

—— 不少中美投机型创业团队一直在跟着风口改创业方向（其实是改公司名称），以至于有人吐槽道。

某些所谓产业联盟并没有履行责任，而是打着"联盟"的旗号，招摇撞骗、混淆视听。

—— 全国政协委员、北京理工大学教授王涌天建议，有关部门要加强对产业联盟的监督管理。这种虚假联盟又称"野鸡联盟"，其敛财手法如同"山寨社团"，不外是拉人头收高额会费、把各级理事单位批发"出售"。

2017 年 1 月 25 日,正值春运期间,上海虹桥火车站内等待回家过年的人们。(图 /Reuters/CFP)

我成立之初就是为了取得个人利益,各种包装都是为了迷惑大众,吸引更多人加入。其实我很清楚,善心汇平台迟早会崩盘。

—— 把拉人头包装成"扶贫"的"善心汇"被查处,创始人张天明供述称,善心汇就是传销。

当石欣一路坐火车、大巴、公交,历经了近 24 个小时回到村里,沿着村道走着走着,转过路角忽然发现,三岁的儿子已站在路口等着自己回来。

——33 岁的石欣是 2017 年春运期间新华网一个感人的图片报道的主角。他是湖南省花垣县溜豆村人,在东莞打工的他,花费了将近 24 小时才回到家乡。

你爸躺在地上,而你在通讯录里。

——澎湃新闻一篇关于空巢老人的报道的标题。

一人家庭与独居青年彻底改变了中国各经济领域的版图。

——据全球市场调查机构欧睿的数据显示,中国 20 ~ 39 岁未婚的"一人家庭",即所谓"空巢青年"人口达 5000 万,与韩国整体人口数相当。

中国的人口问题不缺数量,不光是现在不缺,未来几十年,未来一百年都不会缺。

—— 国家卫生计生委副主任王培安表示,中国人口到 2030 年将达到 14.5 亿。更值得关注的问题是人口结构和人口素质。

也许真正流行的,不是"运动作为一种生活方式",而是"晒运动照作为一种生活方式"。

——《2017上海白领健康指数白皮书》显示,上海白领体检异常比率从 2011 年的 87.6% 上升到了 2016 年的 95.68%。为什么白领人士一方面显得热爱运动,另一方面又普遍存在肥胖、脂肪肝等问题?澎湃新闻作者"土土绒"如此解读。

如果我们可以把基因这几个事情搞清楚,比如出生缺陷、肿瘤、感染、心脑血管疾病,综合考虑的话,我觉得人类未来二三十年平均寿命接近 100 岁非常有希望。

—— 华大基因首席执行官尹烨大胆预言。

国家 863 计划研究结果表明,喝王老吉可延长寿命大约 10%。

—— 广州医药集团董事长李楚源的说法。人民网评论称:这个研究结果太荒唐。

转基因农产品的安全性在科学上是有明确结论的,即通过科学严谨严格的安全评价,经政府批准的转基因农产品是安全的。

—— 农业部科技教育司副司长汪学军谈"转基因问题"。

经过长达约 18 小时的手术,我和团队成功将一具尸体的头与另一具尸体的脊椎、血管及神经接驳。

—— 世界第一例人类头部移植手术在一具遗体上成功实施,哈尔滨医科大学的任晓平教授参与指导了这次手术。

让普通人了解核防护的基本知识,一点毛病也没有。

—— 《吉林日报》刊登《核武器常识及其防护》引发网络热议,军报微信公众号如此点评。

现在一些女孩子不能怀孕,从中医的角度看,原因或与她们在青春期喜欢吃冷饮、爱穿低腰裤等习惯有关。

—— 国家卫生计生委副主任、国家中医药管理局局长王国强的讲话引发争议。

母乳喂养是社会可持续发展的关键。

—— 大象工会征集奇葩标语,这是其中一条。

女子点外卖就是懒惰、不守妇道。

—— 辽宁抚顺传统文化教育学校"女德班"的"教学语录"被曝光,引发网民强烈抨击。目前该班已被取缔。

"双一流"不是"211""985"的翻版,也不是升级版,更不是山寨版,而是一个全新的计划。

—— 继"211""985"之后,"双一流"成为衡量我国高校水平的重要标志,是中国建设世界一流大学的 2.0 版方案。教育部部长陈宝生这样表示。

我被定为副部级,事实上被定位于行政序列之中。我非常想取消掉这个副部级头衔,为的是回归大学校长作为教育者的本来身份。

—— 南开大学校长龚克说。

2011 年,碧山计划试图通过艺术的方式改变碧山,重塑乡村生态。如今,该计划被暂停。图为碧山村一景。(图/阿灿)

请你们对中小学地方课程教材进行全面排查,凡有"八年抗战"字样,改为"十四年抗战",并视情况修改与此相关的内容,确保树立并突出十四年抗战概念。

——教育部基础教育二司下发的 2017 年 1 号函件《关于在中小学地方课程教材中全面落实"十四年抗战"概念的函》中表示。

"九一八事变"不仅标志着日本侵华战争的开始,也标志着中国人民反抗侵略者的开始,东北军民对抗日战争的巨大付出应该得到重视。

——南京师范大学历史系教授、南京大屠杀史与国际和平研究院研究员经盛鸿表示,"八年抗战"的说法在日常宣传及诸多影视剧中由来已久,包括他自己,很多学者对此提出不同意见。

追本溯源,大战的开始并不是 1941 年 12 月日本偷袭美国的珍珠港,也不是 1941 年 6 月德国袭击苏联,也不是 1939 年 9 月德国进攻波兰引起英、法对德宣战,实际上是日本侵略中国战争中的 1931 年沈阳的"九一八"和 1932 年上海的"一·二八"……

——早在 1995 年即二战结束 50 周年之际,北大教授金克木就曾这样表示。

我不挑事地问一句,你能不能让孩子的家长们看看你已经有的"安全管理体系"录下的视频?

——在国内外引起轩然大波的北京红黄蓝儿童教育科技发展有限公司于 2017 年 11 月 24 日发表声明,表示"我们决定进一步全面升级全国园所的安全管理体系,后续将公布具体措施"。观复博物馆创办人、馆长马未都逐段分析了这一声明,并这样表示。

想想，一名非亲非故但是要住在你家里同吃同喝的保姆就像你的"契约家人"，在请她入门之前，怎么样的调查都不为过。

——针对杭州保姆纵火案惨剧，专栏作家席越撰文分享自己加拿大的雇佣保姆经验，认为"陌生人信用担保"也是一种防范方式。

决战 20 天，彻底清除我市非法传销活动，打掉非法传销团伙，打不净，不罢手、不收兵。

——2017 年 7 月 14 日，山东籍小伙李文星被人发现死于天津静海 G104 国道旁的一个水坑里，现场找到了疑似传销组织留下的"传销笔记"。为此，天津政法委书记赵飞下达了死命令。

一个夜晚，三个年轻人的命运就此改变，一个死了，一个被舆论谴责，还有一个可能在监狱中度过漫长的岁月……这出悲剧不该在口水与讨伐中落下帷幕，该回头反思的地方实在太多太多，年轻人该怎样面对青春与情感的迷茫，怎样看待两肋插刀友情与道义，怎样挣脱痛苦而绝望的境遇……这些问题都太需要关注。若只是轻佻地挥舞起大棒砸向人性之恶而缺乏反思，江歌真是白白枉死。

——2016 年 11 月的江歌遇难案因为"局面"的主题专访，再度成为关注焦点。《新京报》旗下公号"沸腾"作者"二号少女"评论道。

象牙制品十分昂贵，昂贵的不是它的价格，而是背后一条条大象的生命。我国现已实施象牙禁贸，以法律的名义，让象牙不再是商品。

——2017 年 12 月 29 日，国家林业局联合中国野生动物保护协会、国际公益组织野生救援（WildAid）等机构，发布了由公益大使姚明拍摄的公益广告《以法律之名，让象牙不再是商品》。在公益广告中姚明这样说道。2018 年起，中国境内的象牙贸易被视为违法。

台风 yellow 预警。

—— 中央气象台在微博平台发布的台风黄色预警消息被删,原因是"黄色"二字涉黄,于是不得不重发。

我自首,1995 年我抱怨过单位食堂的晚餐像狗屎。

—— 河北省邯郸市涉县一居民发帖吐槽该县人民医院食堂饭菜难吃,遭到行政拘留。此事引发热议,前媒体人、中南影业首席执行官刘春戏谑地表示要"自首"。

稿子里的"哀矜勿喜"这四个字真让人呕吐。

—— 补教名师陈星因卷入作家林弈含轻生事件成为众矢之的,"台南地检署"宣布该案侦查终结,陈星获不起诉处分。陈星之后发表声明,遭知名音乐人许常德痛批。

我们要做上海人,我们要找上海老公,我们要把那边房子卖了来上海,要在上海生第三代、第四代,要在上海生活下去!

—— 在浦东世纪公园的相亲活动中,一些来自安徽、南京的父母陪着女儿这样大喊道。

在相亲角,房子也分出三六九等:北京房主看不起外地房主(比如燕郊),城六区房主看不起郊区房主,城北的看不起城南的,环数低的看不起环数高的,学区房的看不起非学区房的,新商品房的看不起老房改房的,住楼房的看不起住平房的,没拆迁的看不起拆迁分房的,三居室的看不起两居室的……

—— 在相亲角,鄙视链比比皆是。被刷屏的《中国式相亲价目表:我儿子才 33,不考虑没北京户口的姑娘,有户口的残疾也行》一文中写道。至于还在还房贷或连房都没有的人,尤其是男性,无论条件再好,都"100%不考虑"。

2017 年 11 月 5 日清晨,重庆两江新区,浓雾中的建筑。2017 年是重庆成为直辖市 20 周年。(图 / 阿灿)

这哪是什么四大神医，明明是四大神棍。

——"四大神医"指"虚假广告表演艺术家"刘洪滨、李炽明、王志金和高振宗。他们被曝以不同专家的身份（甚至不同的名字）出现在多家省市级电视台的"健康节目"中，有人如此戏言。

我月收入只有 400 美元，你们真的要这样对我吗？

——"脸谱"（Facebook）群组"爆料公社"称，台湾网友陈子聪中了被名为"ThunderCrypt"的勒索病毒，他发邮件向黑客诉苦，黑客居然同意免费解锁，并表示"我们明显高估了你们的收入"。

难道孩子长大后，要向别人介绍，自己的名字来自一个多年前风靡全球的手机游戏？

—— 西安一家长给自家新生儿（女孩）起名"王者荣耀"，且成功上户。有人认为这个名字接地气，有人则表示担忧。

我要登录账号。

——13 岁杭州男孩痴迷《王者荣耀》，被父亲没收手机后跳楼，这是他抢救醒来说的第一句话。

我们要做的，是拍拍正在开黑的孩子，"嘿，爸爸只有白银 II，跟你也来赌三局 solo，谁输了谁去查一下自己英雄的正史好不？"我们要做的，是告诉他们，你沉浸的世界我懂，但你要不要跟我一起去外面的世界也看一眼？

—— 知乎用户"胡吹哥"对于孩子玩《王者荣耀》的这一态度，值得家长们借鉴。

2017 年 11 月 8 日,北京。美国总统特朗普在故宫畅音阁欣赏京剧表演。(图 /IC)

时事·政治

（国际）

我们不再处于意志的时代，而是处于愿望微弱的时代；
我们不再处于混乱的时代，而是处于古怪异常的时代；
我们不再处于事件的时代，而是处于不测之事的时代；
我们不再处于美德的时代，而是处于虚拟现实的时代；
我们不再处于强权的时代，而是处于潜在力量的时代，
等等，等等。

——让·波德里亚

我请所有人和我一起，共同下定一个新年决心：让我们把和平摆在首位。

—— 葡萄牙前总理、联合国前难民事务高级专员安东尼奥·古特雷斯成为新一任联合国秘书长。2017 年 1 月 1 日，他在新年献辞中这样表示。

我将退出政坛。十分抱歉让很多人失望了。

—— 联合国前秘书长潘基文宣布，不参加下届韩国总统竞选。

如果你必须押注于一个当今最具优势的国家，那么中国会是比美国更明智的选择。

——《时代》周刊 2017 年 11 月 13 日刊封面首次以中英双语打出该期封面报道标题："中国赢了。"这篇封面报道由欧亚集团总裁伊恩·布雷默撰写，其结尾这样写道。

没有任何关系比中美关系更重要。

—— 2017 年 11 月，美国总统特朗普访华时这样表示。他的"前任"奥巴马随后也受邀访华，巧的是，奥巴马也表达了同样的意思——"中美关系是最重要的双边关系"。

要是十年前有人跟我说，特朗普会成为美国总统，我一定以为他疯了。但一年过去了，事实上，特朗普很可能成为第二个里根。至少他干了两件靠谱的事：第一，修复中美关系，从中国拿走了 2000 多亿美元的订单；第二，推出了美国历史上最大的减税计划。

—— 财经作家吴晓波说。

那是不可能的。

——2017 年 1 月 10 日，奥巴马在芝加哥发表了告别演讲。演讲过程中，有观众高喊"再干四年"，奥巴马则笑着回应道。芝加哥是奥巴马"梦开始的地方"，他在这座城市开启政治生涯。2012 年竞选连任成功时，他也是在芝加哥发表的胜选演讲。

扭转经济衰退，重振汽车工业……与古巴关系进入新篇章，没有通过武力手段就阻止了伊朗核武器计划，婚姻平等，2000 万同胞获得医疗保险。

——奥巴马在告别演讲中总结了自己上任八年的成绩。

我 1 月 21 日想睡个好觉，不上闹钟那种。我想陪陪我的太太和女儿们。

——奥巴马卸任美国总统前这样表示。1 月 20 日是他离开白宫的日子。

我年轻的时候挥霍了不少青春，所幸当时没有社交媒体，很多的行为没有被记录下来，因此才能被选举为总统。

——2017 年 10 月 31 日，奥巴马出席在芝加哥举办的奥巴马基金会第一次峰会并做演讲。

芝加哥谋杀案发案率创下纪录，2016 年 762 人被谋杀、4331 人沦为枪击受害者。如果市长管不好，那么他必须向联邦政府求援。

——2017 年 1 月 2 日，特朗普在推特上批评芝加哥市长、奥巴马任内的白宫办公厅主任拉姆·伊曼纽尔治理不善。

当地时间 2017 年 10 月 1 日,拉斯维加斯。64 岁的枪手史蒂芬·帕多克从曼德勒海湾宾馆的 32 层向楼下观看演唱会的观众开枪扫射,当时有多名乡村音乐歌手和约 3 万名观众在现场,事件导致 59 人死亡,527 人受伤。图为人们从现场逃出。(图 /David Becker/Getty Images)

终于有人问奥巴马医改了，我以为没人会问呢。奥巴马医改是一场彻头彻尾的灾难。只要一经（国会）批准，我们会在短时间内递交一份方案。废除和取代将会基本同时进行。可能在同一天，也可能是同一个小时内。

——2017 年 1 月 11 日，特朗普在纽约特朗普大厦举行胜选以来的首场记者会。在被问及"关于奥巴马医改，你打算撤销后用什么来代替"时，他如此回答。

美国不会违约，因为一直在印钱。

——奥巴马总统任期内，美国国债突破 20 万亿美元大关。国际信用评级机构惠誉 2017 年 1 月 12 日发出警告，若特朗普上任后实行减税，未来 10 年或将使美国政府债务再增 33%。特朗普如此回应。

这就像一场有组织的混乱。在南草坪，将为卸任总统一家准备一辆搬家车，（搬离工作完成后）该卡车将向南驶离，新任总统的搬家卡车继而由北驶入。

——2017 年 1 月 20 日，特朗普宣誓就职之时，也是奥巴马搬离白宫的时刻。白宫招待员领班斯蒂芬·罗尚解释了新老总统搬家的流程。

波音正在为未来的总统生产一架全新的"空军一号"波音 747 飞机，可成本已经失控，超过 40 亿美元。取消订单！

——特朗普在推特上的这番话，导致波音股价一度下跌 1.6%，市值蒸发 10 亿美元。然而，新的"空军一号"预计最早在 2024 年投入使用，除非特朗普连任，否则他要取消的订单跟自己没什么关系。

美国在中东花了大概 6 万亿美元，与此同时我们国内的基础设施破败不堪。有这 6 万亿美元够重建我们国家两遍了。

——2017 年 3 月，特朗普在首次国会演讲中呼吁重建美国国内基础设施。

他们拼命争取。他们说他们要赢了……事实上，人们爱我们（共和党人），我们所有人。他们爱我们。他们（民主党人）不明白。他们还没搞明白呢。

——2017 年 6 月，在美国佐治亚州第六选区众议院席位的特别选举中，民主党投入巨资造势，希望趁特朗普民意低迷之际，夺取共和党在该选区占有的众议院席位，从而一点点颠覆传统的共和党选区。结果，共和党候选人仍以 5 个百分点的优势获胜，特朗普嘲笑道。

美国的领导人必须尊重我们的基本价值观，明确抵制仇恨、偏见和族群至上主义的宣泄，这些违背了人人生而平等的美国理念。

——2017 年 8 月 12 日，美国弗吉尼亚州夏洛茨维尔市发生严重种族暴力事件。特朗普迟至三天后才发表评论。美国医药业巨头默克公司的首席执行官肯尼思·弗雷泽在推特上抨击了特朗普对此事的沉默反应。

其中一方是很糟糕，但另一方也很暴力。没有人愿意说明这一点，但我现在要明确说出来。

—— 2017 年 8 月 15 日，特朗普称，夏洛茨维尔冲突中双方均存在暴力行为。

没有人生来就因为他人的肤色、背景或者宗教信仰而憎恨他们。

——同样是针对夏洛茨维尔冲突，奥巴马在推特上发布的这句评论获得超过 400 万个赞，为推特史上最高。

特朗普总统，感谢您的诚实与勇气，说出了夏洛茨维尔的真相，并谴责了"黑人的命也重要"运动和反法西斯运动中的那些左翼恐怖分子。

—— 美国各界对特朗普针对夏洛茨维尔冲突的"骑墙"评论骂声一片，唯一给他叫好的就是美国三K党前领导人、白人至上主义者戴维·杜克。

我认为主旨是"让联合国伟大"。不是再次。是让联合国伟大。

—— 2017年9月18日，特朗普第一次亮相联合国大会。当被问及他在联合国的策略重点时，他回答道。

白宫成了成人托儿所，这太丢人了。

—— 2017年9月底，美国资深参议员鲍勃·科克表示将不再争取继任参议员后，特朗普连发推文，称科克曾恳求他支持其参议员连任，还想当国务卿，未能如愿后才决定不寻求连任，还抨击科克"没胆量"竞选。科克对特朗普这一系列言论做出愤怒的回应。

我回来签字是因为这花不了什么钱。

—— 2017年10月12日，特朗普宣布废除奥巴马医改后却忘记签署行政令，在副总统彭斯的提醒下才一路小跑返回签字现场。

世界上有许多地方、许多梦想和许多道路。但是纵观整个世界，没有哪个地方能跟家乡比。

—— 2017年11月10日，特朗普在亚太经济合作组织工商领导人峰会上发表演讲，在这个各国寻求共同经济利益的平台之上，特朗普重申守护自己国家的利益，贩卖他的"美国优先"思想。

当地时间 2017 年 9 月 30 日,西班牙巴塞罗那,抗议者手持国旗在警察总部前示威,反对加泰罗尼亚独立公投,支持国家统一。(图 / 视觉中国)

如你们大家所知，我很积极地推翻我的前任的一些行政命令。不过，白宫律师告诉我，火鸡赦免不能在任何情况下被撤销。所以我们不会撤销它。

—— 2017 年 11 月 21 日，特朗普按惯例在感恩节到来之际赦免了两只火鸡。

感恩节快乐，你们的国家开始越来越好。就业岗位回流，有史以来最高的股票牛市，军队变得真正强大，我们将建起边境墙，照顾好退伍老兵，有最棒的最高法院大法官，创纪录地削减监管规则，**17 年来最低失业率**……

—— 2017 年 11 月 23 日，正在自己位于佛罗里达州的海湖庄园度假的特朗普在推特上写道。

7 万亿美元花在中东，而我们的公路、桥梁、隧道、铁路（等设施）破破烂烂！这种局面不会很久了！

—— 2017 年 12 月 18 日，在美国全国铁路客运公司的一辆列车发生脱轨事故之后，特朗普在推特上再次表达了自己"美国优先"的立场。

非常感谢他们帮美国削减薪资支出，我们会省下很多钱。

——当被问及如何看待俄罗斯驱逐 755 名美国外交人员一事时，特朗普如此回答。

长大吧唐纳德，长大吧，是时候当个大人了，你是总统，是时候做些什么，让我们瞧瞧你的本事。

——2017 年 1 月，就特朗普当选美国总统后发表的争议性言论与推文，时任美国副总统的拜登在接受美国公共电视网（PBS）采访时表示。

他为自己代言。

——当被问及特朗普的价值观为何时,美国国务卿蒂勒森如此回答。

这就像 20 世纪 30 年代发生在德国的事情,尽管魏玛共和国实行民主,尽管德国在多个世纪里取得了高水准文化和科技成就,希特勒仍崛起掌权了。

——2017 年 12 月 3 日,奥巴马在芝加哥经济俱乐部上发表讲话,将特朗普与希特勒相比,暗示人们提防特朗普崛起。

我们必须不再假装行政机构中的某些做法是正常的。它们不是正常的。鲁莽草率、粗暴蛮横、有失体面的行为被辩解为实话实说,而它实际上就是鲁莽草率、粗暴蛮横、有失体面的。

——美国亚利桑那州共和党参议员杰夫·弗莱克发表声明,本届参议员任期结束之后,他将不再参与竞选,因为他对共和党以及美国政治现状感到十分失望。

如果大选是在 10 月 27 日举行,我现在就是你们的总统了。

——2016 年 10 月,距离美国大选仅剩 11 天的时候,美国联邦调查局突然重启对希拉里·克林顿"邮件门"的调查。事后,希拉里这样表示。

想到我们或许对大选造成了一定的影响让我有点作呕,但老实说,这个决定不会因此改变。

——2017 年 5 月,在国会参议院司法委员会的听证会上,美国联邦调查局前局长詹姆斯·科米表示,不后悔当时做出重启"邮件门"的决定。

我真的担心他（特朗普）会就我们会面的性质撒谎，所以我认为记录下来非常重要。

——詹姆斯·科米解释自己为什么每次跟特朗普会面都要记录。

我希望你能让这件事过去，放过弗林。他是个好人。我希望你能让这件事过去。

——根据詹姆斯·科米公布的备忘录，特朗普曾要求科米放弃对前国家安全事务助理迈克尔·弗林涉嫌通俄的调查。

我们以前就看过这出戏。我想，这件事即将达到水门事件的规模和程度。

——针对沸沸扬扬的"通俄门"，共和党重量级人物、亚利桑那州联邦参议员约翰·麦凯恩对特朗普提出严厉批评。

我们所有人都希望在自己的家里、车上和设备中保留隐私，这是合情合理的。然而，在法庭上，政府也有充足的理由通过执法机构侵入我们的私人空间。

——时任美国联邦调查局局长的詹姆斯·科米在波士顿学院发表演讲时提醒美国人，从此以后，美国再也没有"绝对隐私"了。此前一天，维基解密网曝光说，美国中央情报局的监视无孔不入，汽车、电视和手机都可以成为监视工具。

建国先贤用他们的智慧创立了三权分立政体和内部制衡制度，我感觉仿佛这一切正遭受攻击、日渐削弱。

——美国国家情报前总监詹姆斯·克拉珀在《国情咨文》节目中表示，美国的民主体制正在遭受特朗普的攻击。

当地时间 2017 年 9 月 20 日,孟加拉国吉大港区的科克斯巴扎尔县,非政府组织在难民营附近派发食物,一名罗兴亚难民男孩爬上货车,边哭泣边等待领取食物。(图 /Kevin Frayer/Getty Images)

特朗普的计划基本上是为所有人减税。不引起税收总额变化的真正改革是很难的。凡事总有赢家和输家，而特朗普显然只想要赢家。

——美国城市研究所－布鲁金斯学会税收政策中心的企业税务专家史蒂文·罗森塔尔说，特朗普的税收改革计划看起来虽美好，但结果是带来财政赤字。

极其富有的人在美国过得很好。上帝保佑他们。让他们过得好。他们不需要再来个赋税大幅减免。

——美国民主党参议员查尔斯·舒默如此评论特朗普的税改计划。舒默还曾表示："'让美国再次强大'需要的不仅仅是每个问题 140 个字而已。恕我直言，美国'消受'不起一个推特总统。"

和中国的经济战争就是一切。在未来 25 年到 30 年内，我们两国中的一个势必将成为世界霸主，而如果我们继续沿着这条路走下去，那很显然这个角色将由他们来扮演。

——2017 年 8 月，时任白宫首席策略师斯蒂夫·班农和美国政治刊物《美国瞭望》编辑的谈话被全篇放出，舆论哗然。他这样看待中美关系。

在这一点上，媒体都是反对派。他们不了解这个国家。他们还是不明白为什么唐纳德·特朗普成了美国总统。

——时任总统首席顾问的斯蒂夫·班农在接受《纽约时报》采访时，斥责媒体是"反对派"，并且希望记者们都"闭嘴"。

早晚得有人反击……总得有人做总统的斗牛犬，我乐于效劳。

—— 美国总统副助理塞巴斯蒂安·戈尔卡凭犀利的言辞，在与美国主流媒体进行一系列激烈辩驳后爆红。

当我们再次被要求为联合国做出世界上最大贡献的时候，我们会记得这件事。当一些国家像往常一样要求我们付出更多并利用我们的影响力为他们谋利的时候，我们会记得这件事。

—— 联合国大会通过决议案，拒绝接受美国承认耶路撒冷为以色列首都并把美国使馆迁至耶路撒冷的决定。美国常驻联合国代表妮基·黑莉这样表示。

经过这一波离职，美国国家环境保护局员工剩下约 14400 人，是 1988 年以来数量最少的。

—— 特朗普将美国国家环境保护局的经费预算削减了 31%。之后，环境保护局有近 400 名员工离职。

财政削减计划可能导致美国首都华盛顿地区就业率降低 1.8%，个人收入降低 3.5%，房价降低 1.9%。

—— 特朗普签署名为"重组行政部门全面计划"的行政令。这项行政令为大幅削减政府规模提供了机会，也意味着一些公务员面临失业。

任何人都能发表这样过分的评论，而我认为这样的冒犯对娱乐和体育电视台而言肯定是丢掉饭碗的事儿。

—— 美国娱乐和体育电视台记者希尔在推特上称，特朗普的崛起是白人至上主义盛行的结果，称特朗普为"白人至上主义者"。白宫因此要求电视台解雇希尔，白宫发言人萨拉·赫卡比·桑德斯如此表态。

如果串通一气是指想要成为正能量,起到积极的作用,那么我就是串通一气。

—— 在担任不领薪水的总统助理一职之后,美国"第一女儿"伊万卡·特朗普首次接受媒体专访时如此回应批评人士对她与父亲"串通一气"的指责。

作为我们共同的国际社会的领袖,我们必须始终致力于性别赋权和尊重来自所有背景和种族的人,时刻记住我们归根结底属于同一种族,那就是人类。

—— 第一夫人梅拉尼娅·特朗普在美国国务院"国际妇女勇气奖"颁奖典礼上发表演讲,呼吁国家保护女性权益,与性别暴力做斗争。

我们惧怕强势的女人和女人掌权。这些攻击就是为了让那种权力失效。

—— 希拉里·克林顿总统竞选团队高级顾问卡伦·芬尼针对女性在政治中遭受歧视现象如是说。

这个人仍在这里,还在我们身边。情况已经不同,时代已经改变,被这些负面回忆影响是不值得的。

—— 美国华裔交通运输部部长赵小兰透露,自己也曾在职场上遭受性骚扰。

我们的国父们希望把理想铸造在硬币上,而你看到我们今天在做的事,也正是以如今的诠释和现代的方式来体现自由的理想,在认同我们荣耀过去的同时,也审视当下的我们自己。

—— 自 1790 年发行一系列自由女神金币以来,美国将首次在纪念币中使用非洲裔女性形象,美国铸币局副主任瑞德·杰普森对《华盛顿邮报》说。

当地时间 2017 年 12 月 6 日,莫斯科,"超级普京"主题艺术展在 UMAM 博物馆举行。当日,普京宣布参加 2018 年举行的俄总统选举。(图 / 视觉中国)

地狱有一个专门的地方留给侵害儿童的人。

—— 美国共和党参议员候选人罗伊·穆尔被指控性侵一名亚拉巴马州女子,案发时这名女子只有 14 岁。美国第一千金伊万卡·特朗普对此发表评论。

希拉里和克林顿是时候退出政治圈了。去做他们最擅长的事吧：赚钱。民主党给了希拉里足够多的机会,但她失败了。我们已经受够克林顿两口子了,是时候来点新鲜血液了。

—— 据传民主党敦促希拉里·克林顿竞选纽约市长,以替代支持率不高的现任纽约市长白思豪。在《纽约时报》网站相关报道之下,点赞最多的一条评论这样写道。

未来货币政策决策者将很有可能再次面临挑战。出于这个原因,我们必须做好准备再次重启非常规政策工具。

—— 2017 年 11 月,下届美联储主席人选公布在即,现任美联储主席耶伦发布长篇演讲,为继任者留下嘱托。

你欠我一个道歉。

—— 美国副总统彭斯演讲时,把右臂伸得有点远,不小心碰到了一个男孩的脸。演讲结束后,小男孩紧紧跟在彭斯后面,不依不饶。最终,美国副总统向小男孩表达了歉意。

五角大楼没有大批装备的数量及其下落的具体信息。

—— 一家国际组织援引华盛顿被解密的 2016 年 9 月的审计报告结果称。根据这份文件,被运往伊拉克和科威特,随后"失踪"的美军武器价值估计为 10 亿美元。

杀手多的是，有很多杀手，你觉得我们国家就是清白的吗？

——2017 年 2 月，特朗普接受福克斯新闻（Fox News）专访时，称自己尊敬普京。当主持人比尔·奥莱利质疑普京"是个杀手"时，特朗普如此回应。

就是这些人冒犯了你吗？

——2017 年 7 月，在二十国集团领导人汉堡峰会期间，特朗普与普京举行了备受关注的首次会晤。为活跃气氛，普京指着现场的记者对特朗普说了上面这句话。特朗普回答："就是他们，你说的没错。"

特朗普不是我的新娘，我也不是他的新郎。

——2017 年 9 月 5 日，对于记者"是否对特朗普感到失望"的提问，普京如此回答。

我们不想以任何方式施加影响，但我们保留与法国所有政治势力的代表进行交流的权利。

——2017 年 3 月，普京接见应邀来访的法国总统候选人勒庞，表示无意干预法国大选。

原来，我们一些同僚认为，有些人是争取独立和自由的"优秀"战士，而有些人则是即使使用民主手段也不配捍卫自己权利的"分裂分子"。

——2017 年 10 月，普京在第 14 届"瓦尔代"国际辩论俱乐部会议上谈及加泰罗尼亚独立事件，认为欧洲国家承认科索沃独立之时就已开启分裂主义的潘多拉盒子，抨击西方国家对待不同的独立事件使用双重标准。

来吧，快点捏我吧。

——2017 年 10 月，俄罗斯索契正举行第 19 届世界青年大学生联欢节，普京现身奥林匹克公园。一名学生不敢相信眼前就是俄罗斯总统，普京示意他捏自己的手臂。

虚拟货币和加密货币越来越受欢迎。在某些国家，它们已经或正在发展成为一种成熟的支付工具及投资资产。与此同时，加密货币的使用同样伴随着巨大风险。

——普京对比特币的看法。俄罗斯或将禁止所有的加密货币支付。

我知道间谍是怎样的一些人，他们是具有独特品质、信念和性格的一批人，他们能够放弃自己原有的生活、亲人、爱人，远离故土，常年在外，将自己的一生献给祖国，这不是每个人都能做到的。

——2017 年 6 月，俄罗斯国家电视台 24 频道播出了一期有关"间谍"的节目。节目中，普京第一次亲口承认，自己在民主德国工作期间就是一名"间谍"，他还介绍了当时的工作内容。

普京总统发布的新经济计划：目标——让一部分人先富起来。附件——这些人的名单。

——俄罗斯段子。

很可能没有更好的时间和地点来宣布这件事，我将申请成为竞选俄罗斯联邦总统的候选人。

——2017 年 12 月 6 日，普京在出席高尔基汽车厂 85 周年庆典活动时宣布，自己将竞选连任俄罗斯总统。这意味着他有望掌权 24 年之久，成为自斯大林以来主政最久的国家领导人。

美联航机组因机票超售,暴打一名亚裔乘客并拖下飞机,引发大量吐槽。(插图/Patrick Chappatte)

在这一政治周期我不会参选。当然,我会继续从政。

——俄罗斯总理梅德韦杰夫表示不会参加本次总统选举,他将全力支持普京。

在过去 17 年中,新一代已经成长起来,他们想看到不一样的俄罗斯,一个文明、欧洲化的俄罗斯。

—— 俄罗斯社交名媛、真人秀节目制片人克谢尼娅 · 索布恰克宣布将参加 2018 年俄总统大选。她父亲阿纳托利 · 索布恰克曾担任圣彼得堡市市长,是普京的政治导师。

俄罗斯必须采取更多措施支持新晋父母,同时创造更多动力,鼓励生育第二个、第三个孩子。

——俄罗斯宣布,未来三年,政府将耗资 5000 亿卢布 (约人民币 564 亿元) 鼓励俄罗斯家庭多生孩子。

我们将和中国一起继续努力寻求理性解决问题的途径,拒绝情绪化,不要像幼儿园小朋友吵架一般闹个不停,谁劝都没用。

—— 特朗普在联合国大会上发言时称朝鲜领导人金正恩为 " 火箭人 ",金则在随后发表的声明中称特朗普是 " 精神错乱的美国老糊涂 "。对此,俄罗斯外长拉夫罗夫批评道。

看着我的眼睛,眼睛不要走神,你往哪里看呢⋯⋯侮辱俄罗斯试试!

—— 叙利亚化学武器问题决议草案在联合国举行表决,俄罗斯又一次使用了否决权,当英国代表呵斥俄罗斯滥用否决权时,俄罗斯代表用命令的口吻说道。

与俄罗斯安全部门过去应对的情况相比,这是一种完全不同类型、不同级别的恐怖主义威胁。

—— 俄罗斯情报专家安德烈·索尔达托夫说,与俄境内过去通常来自车臣和中东地区的恐怖分子不同,像圣彼得堡地铁自杀式袭击者阿克巴尔荣·贾利洛夫这样的新一代恐怖分子,并没有直接加入某个好战组织,也没有被捕或非法越境的记录,这让情报部门很难发现他们。

伟大的友谊大概是不会出现了。

—— 2017 年 3 月 17 日,德国总理默克尔访问美国。德国明镜在线在对默克尔与特朗普首次会面的录像进行分析后,得出以上判断。也许是迄今为止最为诚实的德美关系写照。

从某种程度上来讲,我们可以完全依赖他人的时代结束了。我在过去几天中体会到这一点。我们欧洲人真的必须将命运掌握在自己手中。

—— 2017 年 5 月 28 日,默克尔出席北约峰会和七国集团峰会后,在慕尼黑的竞选集会上发表讲话。

这看似是一个时代的终结,那是美国领导、欧洲跟随的时代。

——默克尔宣称,欧洲不能再依赖美国。美国前任常驻北约代表伊沃·达尔德评论道。

这些会谈不会轻松。分歧显而易见,假装没有分歧是不对的。我压根儿不会这么做。

—— 二十国集团汉堡峰会举行之前,默克尔承诺在会上捍卫自由贸易和巴黎气候协定。看来她已经做好与特朗普斗争的准备了。

至于移民问题，我不认为这个问题已经解决。欧盟存在着很大的问题，德国接收了非常多的难民，意大利也是。遗憾的是，不是所有欧洲国家都同等程度地担负起了责任。对于这一问题我们并没有可以长期执行的解决方案。

—— 默克尔对于难民问题的看法。

一方面，你们想展现慷慨，接纳移民。但是，你们越慷慨，这种消息就传得越快——反过来鼓励更多人离开非洲。

—— 微软创始人比尔·盖茨在接受德国《星期日世界报》记者采访时批评了德国对难民开放边界的政策，并告诫欧盟领导人必须想办法增加难民抵达欧洲的难度。

这是一个转折点。很显然，接纳难民的决定让我们的社会产生了分裂。在一些人看来是彰显人性的伟大举动，似乎让其他人感觉受到威胁。我们未能说服人们相信，德国足够强大，不会让任何人掉队。

—— 德国社民党领导人、欧洲议会前议长马丁·舒尔茨在大选后表示，选举结果令他感到遗憾和痛苦。在本次大选中，默克尔领导的联盟党和舒尔茨领导的社民党虽维持第一和第二大党的地位，但比上一次选举得票率均有下降。排名第三的是右翼民粹主义政党德国选择党，该党收获了 13.1% 的选票，将首次进入联邦议院，这也是二战后首次有右翼民粹主义政党进入德国联邦议院。

科尔的遗产，决定了德国政治上数十年来最重要的两件事情：祖国的统一以及欧洲一体化。科尔明白两者是不可分割的。

—— 默克尔在悼念前总理科尔时说。

当地时间 2017 年 10 月 10 日,维也纳,正准备参加大选电视辩论的奥地利外交部部长、人民党领导人塞巴斯蒂安·库尔茨跟支持者握手。2017 年 10 月 16 日,库尔茨当选奥地利总理,年仅 31 岁的他成为欧洲最年轻的政府首脑。(图 /Lisi Niesner/ Getty Images)

当人们滥用社交媒体平台,传播仇恨犯罪或非法的虚假消息时,平台供应商需要为此负责。

—— 为严打传播假消息和仇恨言论,德国公布了一项具有里程碑意义的社交媒体法案。德国司法部长海科·马斯在声明中这样表示。

一名女子在汉莎航空从哥伦比亚首都波哥大飞往德国法兰克福的航班上生下一名男婴。他的出生地一栏大概要填写经纬度坐标了——因为他降生在大西洋上空。

—— 2017 年 7 月 26 日,德国新闻电视频道网站的报道。

政府的工作不是追新闻头条,政府的工作也不是走上街头抗议,政府的工作是保护英国公民的利益,而这正是我们所做的。

—— 2017 年 2 月 1 日,在英国下议院例行的首相问答中,工党领袖杰里米·科尔宾要求特雷莎·梅取消特朗普访英的计划,梅表明了自己的态度。

老板们思路混乱、缺乏多边谈判经验,而且不愿意听坏消息。

—— 2017 年 1 月,距离英国启动脱欧程序不到三个月之际,被视为脱欧谈判关键人物的英国驻欧盟大使罗杰斯突然宣布辞职。他离职时指责英国政府迟迟不能设定与欧盟谈判的目标。

首相举行选举是因为她想要授权,好吧,她得到的授权是弄丢了保守党的席位、选票、支持,以及信心。实际上,我本以为这些足够让她下台了。

—— 2017 年 6 月,工党领袖杰里米·科尔宾要求特雷莎·梅下台。特雷莎·梅提前举行选举以求推进英国脱欧的"更大权限",结果却是保守党失去绝对多数席位。

欧盟要求英国在退出前应如数上交欠款,数额达 600 亿欧元。

——尽管英国脱欧议案在国内获得下议院压倒性多数票通过,但从欧盟的态度来看,英国想要顺利退出并不那么容易。

我们正在试探欧盟的要求,但我们仅仅支付必须支付的部分,一分都不会多给。

——据英国《每日电讯报》报道,英国政府已经准备好支付 360 亿英镑(约 400 亿欧元),作为与欧盟的"离婚费"。英国退欧事务大臣斯蒂夫·贝克表示,只有欧盟同意在未来关系协商中讨论贸易协定和财务安排,英国才会支付这笔资金。

我们对华出售猪耳朵的贸易没那么成功,原因之一就是,欧盟规定牲畜必须打上耳标。

——英国环境大臣迈克尔·戈夫催促英国赶快脱欧。

在公投中,我投了退欧。就我个人而言,我宁可做一个穷主人,也不愿意做一个富仆人。这事不涉及种族主义、移民或者其他政治问题,它关系到英国的自由。

——英国老戏骨迈克尔·凯恩称。

新当选的美国总统对英国退欧感到高兴,还鼓动其他国家也效仿。如果他继续这样,我就去鼓动俄亥俄独立、得克萨斯退美。

——欧盟委员会主席容克说。

你或许会说我在做梦,但并非只有我一个。

——2017 年 6 月,欧洲理事会主席唐纳德·图斯克表示,对英国留在欧盟仍抱有希望。为此,他引用了约翰·列侬经典反战歌曲《想象》中的歌词,还表示:谁知道未来会怎样呢?

要小心中国人,他们还记着鸦片战争的仇呢。

——英国外交大臣鲍里斯·约翰逊称英国将"派航母到南海,执行航行自由行动"。英国网友表示,为这一嘴炮捏一把汗。

英国绅士的骄傲派头又跑哪去了! 这不成叫花子了么。

——《星期日泰晤士报》披露一家名为亨利·杰克逊协会的英国智库凭借对华宣传战,每月从日本驻英大使馆领取约 1 万英镑的酬劳。这起丑闻令英国知识界及政界蒙羞。

责任第一,国家第一,我会全心工作。

——消息人士向《星期日泰晤士报》透露,伊丽莎白女王无意让位给查尔斯王子,并打算在有生之年一直履行王室公务。

王室成员中有人想当王吗? 我觉得没有。但时候到了,我们会承担我们的职责。

——英国哈里王子在接受《新闻周刊》采访时表示。

当地时间 2017 年 8 月 1 日，印控克什米尔夏季首府斯利那加南部。在一场抗议活动中，一名克什米尔平民被杀害，亲属们正在安慰他哭泣的姐姐。（图 /Dar Yasin/AP/Shutterstock）

有很多男人说这件事言过其实，是一场政治迫害。不，它不是政治迫害，它早该到来了。

——面对英国政界不断发酵的性骚扰丑闻，英国工党女议员哈丽雅特·哈曼指出，这一系列针对议员性骚扰的指责并非无中生有，对这些不当行为的审判早该到来了。

我不害怕。我不是受害者。我是幸存者。

——英国国会议员米歇尔·汤姆森在下议院讨论消除对妇女的暴力行为国际日的会议上，讲述了自己14岁时被强奸的遭遇。

"伊丽莎白女王号"航母当时更是一艘"幽灵船"。船上一个人没有，据说官兵都在岸上用餐。

——2017年8月，一架无人机顺利降落在英国海军"伊丽莎白女王"号航空母舰的甲板上，没有引发任何警报。无人机机主事后对如此轻易地登上航母表示吃惊。

我没有跟外国人过不去，但是我要对他们说：如果你们来到我们的国家，不要期望得到照顾、享受医疗，不要期望你们的孩子可以接受免费教育。

——法国极右翼政党"国民阵线"领导人玛丽娜·勒庞在出席2017年总统大选造势会时如是说。

你所维护的欧洲一直被德国牵着鼻子走。你甚至无法对抗默克尔，而只能与她合作。无论怎样，法国终将被一个女人领导。要么是我要么是默克尔！

——在2017年5月3日举行的法国总统选举第二轮投票前的最后一场电视辩论会上，玛丽娜·勒庞用这句话怼中间派候选人埃马纽埃尔·马克龙。

我希望向所有杰出的美国科学家、学者、企业家发出邀请，从现在起，法国将成为你们新的祖国。

——马克龙在总统大选集会演讲中说。

在法国政界，如果你既不是右翼，也不是左翼，就没有立足之地。而他将这种尴尬处境变成了一种力量。

——世界贸易组织前总干事帕斯卡尔·拉米评价老友马克龙。

奥巴马拥有全球最完美的履历，我们为什么不聘请他来当法国总统？

——法国举行总统大选时，有些法国人在网上发起请愿，提议"与其烂柿子中找一个更不烂的"，还不如请个外国人当法国总统。

他是希望的象征。就像八年前的奥巴马一样。是年轻，是希望。

——法国选民让－吕克·松蒂亚把马克龙比作当年的奥巴马，希望他能给法国带来新生。在法国的这次选举中，传统左右政党候选人首次都没有进入第二轮投票，反映民众对传统政治和政客的不信任。年仅 39 岁、从政只有 5 年的马克龙凭借与旧体制决裂和"非左非右"的政治宣示，最终赢得选举。

得让总统自己做决定，而不是去做他的顾问、导师，更不能沦落为一只绕着他嗡嗡飞的苍蝇。

——当被问到是否会为新总统马克龙提供指导时，法国前总统奥朗德如此回答道。

没有 B 计划的存在,因为这世上没有 B 地球。

——特朗普宣布退出《巴黎协定》之后,法国总统马克龙特意用英文发表演讲,表示法国会坚守解决环境问题与环保的道路,并这样表示。

这是朝保障人类尊严而迈出的一步。

——2017 年 12 月 14 日,意大利参议院通过一项法案,允许国人立下生前遗嘱拒绝人工营养及水分补充。对此,意大利总理真蒂洛尼如此表示。这也是本届意大利政府在 2018 年 3 月大选前推动的最后一项立法。

欧元已经破产路人皆知,这是事关国家主权的大事。我想要捷克克朗,也想要一个独立的央行。我不希望欧盟再掺和任何事情。

——2017 年 10 月 21 日,反欧盟、反欧元、反难民,被称为"捷克版特朗普"的亿万富豪巴比什当选为新一届捷克政府总理。

普拉亚克不是罪犯,我拒绝接受你的审判!

——波黑战争中的前克族武装高官普拉亚克在国际刑事法庭受审,因对判决不服而当场服毒,服毒前,他如此喊道。

美国总统站前排,这事很正常。

——特朗普在北约峰会大合影前一把推开身前的黑山共和国总理马尔科维奇,自己站到了队列最前面。对此,马尔科维奇大度回应。

当地时间 2017 年 8 月 21 日,美国人纷纷戴上专用眼镜,观看百年一遇的"超级日全食"。(图 /AP Images)

你就说要吃到几级保护物种?

—— 丹麦驻华大使馆官微发表《生蚝长满海岸,丹麦人却一点也高兴不起来》一文,网友们纷纷表示,开个生蚝签证,让中国吃货去解决它们。

这份"兼职"能够让我从皇室工作中减压。

—— 荷兰国王威廉·亚历山大透露,他在过去 21 年里一直担任荷兰皇家航空公司的副驾驶员,每个月飞行两次。

我个人对此非常感动。这是我到现在为止看到过的比任何专业体操选手还要精彩的(动作)。

—— 2017 年 11 月 6 日,日本首相安倍晋三在陪同访日的特朗普打高尔夫球时从沙坑边缘滚落后迅速爬起,特朗普评论道。

如果发现我或者我太太参与(国有土地出售),我将辞去首相一职。

—— 安倍晋三的妻子安倍昭惠担任名誉校长的小学以低价购得国有土地,引发质疑。为此,安倍晋三接受了国会质询。

潘恩防长、古拉尔防长和我有很多共同点。我们都是女性,我们是一代人,还有最重要的是,我们长得都不错。

—— 日本防卫大臣稻田朋美在第 16 届香格里拉对话会上的发言被媒体批评为性别歧视。

就日本来说,我认为我们不可能在被击中之前发射导弹。最有可能的是,一旦我们被击中且第二或第三枚导弹已发射且落地,我们就可以还击了。

——日本国际大学国际关系教授山口升谈论日本在宪法约束下,如何面对朝鲜发射导弹。

目标是成为有骨气的政治家。然而,4 月被查出有骨质疏松。

——东京都议会改选,这是东京电视台对候选人之一、明治大学客座研究员早坂义弘的介绍信息。

尽管造成日本员工人均工作效率低的因素有很多,但是,睡眠不足对日本经济的消耗远远超过了七国集团中的其他国家。

——兰德公司发布的研究报告显示,员工睡眠不足让日本经济每年损失近 1380 亿美元,约占日本国内生产总值(GDP)的 2.9%。

大韩美国总统文在寅。

—— 韩国总统文在寅访问白宫,在访客签名簿上,误把"大韩民国总统文在寅"写成"大韩美国总统文在寅"。

部署"萨德"反导系统决定的最大问题之一是它缺乏民主程序,它导致了严重的国家分歧,并且使对外关系恶化。

——文在寅接受美国有线电视新闻网(CNN)采访时这样表示。

白头搔更短,浑欲不胜簪。

——文在寅的"心腹"卢英敏赴华就任大使,他用杜甫的诗形容自己履新的复杂心情。

我热爱这个国家。中国是祖先的故土,乐天当然希望继续在中国开展业务。

—— 韩国乐天集团会长辛东彬向中国示好,却遭到中韩两国网友的口诛笔伐。

人们说,演说和迷你裙都是愈短愈好,对不对?

—— 韩国国防部长宋永武赴板门店共同警备区 (JSA) 慰问士兵时说出这句调侃,被媒体批评"冒犯女性"。事后宋永武为此道歉。

韩国在自己的领土独岛捕的虾,日本凭什么干涉。

—— 特朗普访韩时,韩国在国宴中招待特朗普吃"独岛虾",并邀请"慰安妇"受害者出席,引起日韩之间的口水战。

未来民族历史的法庭将判朴槿惠前总统无罪。

—— 韩国前总统朴正熙的次女朴槿令在父亲逝世 38 周年追悼会上说。朴槿惠曾拒绝参加妹妹朴槿令的婚礼,还将妹夫送进过监狱。

我根本就不去上学,也不知道自己的专业。

—— 朴槿惠密友崔顺实之女郑维罗被遣返回韩国,被记者问及"梨花女大特惠入学"事件时,她表示从小就知道用钱说话。

白天的时候刚把教材都扔掉,刚才去翻垃圾堆想捡回来,但是已经找不到了。

—— 由于浦项地区突发地震,韩国首次推迟了本应于 11 月 16 日举行的高考。韩国各地的高考生一片惶然:书都扔了,整形手术也约了……考生崔某如此表示。

当地时间 2017 年 10 月 16 日,叙利亚拉卡,叙利亚民主力量的一名成员在查看战争造成的破坏。(图 /Bulent Kilic/ AFP/Getty Images)

腐败分子无可救药，并且还在寻找不正当手段囤积黑钱。但让人痛心的是，他们是靠剥削穷人来敛财的。

—— 印度总理莫迪在"废钞运动"之后，首次在《发自内心》广播节目中解释此次举措的初衷。

不听、不看、不说。

—— 印度总理莫迪送给来访的安倍晋三一座"三不猴"雕塑作为礼物。

印度和邻国绝大部分的交界位于内陆，而图上却出现大片海景。

—— 在印度内政部的一份年度报告中，竟然盗用了西班牙与摩洛哥的边界线照片，并以此宣传照明工程的政绩，遭到社会各界的嘲笑与谴责。

这是一种进步，一种政教分离，以及对男女平等的重视。

—— 过去，印度穆斯林男子只需要连续重复三遍"离婚"即可与妻子解除婚姻关系。印度最高法院叫停了这一休妻方式，国会也对此表示支持。

99% 的案件都是以这种方式处理的。我对此非常愤怒。我是一个诚实的人。我可以给你指出四个强奸女性就像给鸟拔毛一样轻松的人，但他们永远不会被逮捕。

—— 印度乡村警察贾汉吉尔·汗向前去采访一起杀人案的记者坦言，在他们那里，人们可以用钱摆平任何事，就连谋杀案也一样。村妇吉塔在众目睽睽之下被丈夫活活打死，但丈夫很快买通了警察和岳母，说吉塔是下楼梯的时候摔死的，至今逍遥法外，并且又结了婚。

批评不等于暴力，也不等于破坏公物。

—— 伊朗各地爆发抗议民生状况的示威活动，伊朗总统哈桑·鲁哈尼表示，民众有权批评政府，举行示威，但抗议的方式应该是有助于改善国家和民众现状的方式，而不是通过暴力破坏的方式。

没有人能推翻伊核协议，特朗普也不行，十个特朗普也不行。

—— 特朗普或撕毁伊核协议，鲁哈尼在德黑兰大学发表演讲时表示。

我和特朗普绝对没有任何相似之处……特朗普先生和希拉里女士、奥巴马先生一样，没有什么区别。他们在寻求统治和控制世界，他们认为他们自己比别人要好。

—— 伊朗前总统内贾德宣布参加总统竞选。

无视国家安全的人肯定会被打脸。

—— 伊朗最高领袖哈梅内伊警告那些企图在伊朗总统大选中作乱的人。

人权，狗娘养的。警察和军人为我而死。马拉维现在正在打仗，还不都是毒品惹的祸？所以那里活该没有人权。

—— 菲律宾总统罗德里戈·杜特尔特又爆粗口，这次是因为马拉维地区的人权问题。菲律宾政府军正在马拉维与效忠于"伊斯兰国"组织的恐怖分子作战，而毒品交易是当地恐怖组织的资金来源。

对不起，我说了许多不好的话。我父母对我的管教还不够。

—— 杜特尔特为自己经常说脏话、咒骂他人的习惯道歉。

在我的声明中，每五句只有两句是真的，其他的都只是玩笑。我喜欢这么做。

—— 杜特尔特在纪念活动上奚落媒体，表示自己有时讲讲笑话，但媒体不适应。

即使我想开采所有资源，我们也没钱开采。就连石油钻塔和所有设备我们都买不起。

—— 杜特尔特表示，他愿与中国共享已被海牙国际仲裁法庭"裁决判属"马尼拉的南海水域的资源。

据我们所知，菲律宾是亚洲第一个禁止强迫员工在工作场所穿高跟鞋的国家。我们希望这项规定也能被其他国家效仿，造福更多员工。

—— 菲律宾劳工部部长西尔维斯特·贝劳签署命令，菲律宾各公司此后将不可再强行规定女性员工穿高跟鞋上班。

我们知道我们无法像人民希望的那样取得更大的进展……（但）一年的时间并不长。

—— 缅甸全国民主联盟执政将满一周年，国务资政昂山素季表示如果民众已对她失去信心，民盟愿意下台，退位让贤。

最艰难的是改变人们的思维方式，与其互相争斗、互相憎恨，不如和睦相处、互相理解。

—— 缅甸实际领导人昂山素季回答解决若开邦人道危机的最大难点。

我只是个政客。我不怎么像撒切尔，我也不是特蕾莎修女。

—— 昂山素季说。

当地时间 2017 年 9 月 9 日,孟加拉国昆敦姆,罗兴亚人在暮色中穿越稻田。为了躲避冲突,大批罗兴亚人从缅甸逃入孟加拉国。(图 /Dan Kitwood/Getty Images)

原本觉得英拉勇敢，没想过她会逃跑，因为她一直表现出来的都是一副会努力跟案件抗争力证清白的样子。

—— 得知前总理英拉流亡国外未出席宣判，泰国总理巴育上将如此说道。

自我克制是一种选择，而停战与开战就在这一线之间。

—— 朝鲜首次试射射程可达美国阿拉斯加州的洲际弹道导弹之后，驻韩美军司令文森特·布鲁克斯上将表示，只要接到命令，美军随时可以结束朝鲜半岛自 1953 年以来的停战状态。

人们用瓶子、罐子和家用器皿装油。在起火前我们曾劝他们后退，但没人听。

—— 巴基斯坦旁遮普省政府发言人马利克·穆罕默德·艾哈迈德汗解释为什么发生在该国巴哈瓦尔布尔地区的油罐车爆炸事件会造成逾百人死亡的惨剧：油罐车爆胎倾覆后，车上运载的燃油泄漏，吸引周边居民成群结队前来装油。之后，油罐车突然爆炸。

我们不想收到鲜花和头巾。我们想要的是作为人受到尊重。

——阿富汗女权活动人士祖贝达·阿克巴尔在国际妇女节之际倡导人们重视女性权益。

讽刺？喜剧？不。这是真实发生的：沙特第一届女子大会……没有女的。

—— 沙特举办的首届沙特女子大会（Qassim Girls' Council）现场一个女性也没有，只有 13 名男子坐在会堂上。因为沙特的法律规定陌生男女不得有接触，所以与会的女性被关在另一个房间里，用视频连线的方式参加了这次会议。

这无疑是对受害者的二次伤害，因为她今后要跟一个强奸犯在一起生活，这相当于每天都在遭受强奸。

—— 黎巴嫩第 522 条刑法规定，如果强奸犯与被害人结婚，将免遭起诉。反对该法规的当地非政府组织领导者吉达·阿纳尼这样表示。

波多黎各再也没有吃的了。波多黎各再也没有农业了。至少一年多不会有了。

—— 2017 年 9 月，超强飓风"哈维"和"艾尔玛"刚刚离去，飓风"玛利亚"又袭击了加勒比海地区。波多黎各的农业官员说，这次飓风让该地区农业减产 80%。

我觉得那里有点奇怪，我从搬进去第一晚就睡不好，那里气氛有些奇怪，磁场不好。

—— 因怀疑总统官邸闹鬼，巴西总统米歇尔·特梅尔带一家人搬回原来的副总统官邸。

总统马杜罗亲自指示，要求委内瑞拉政府向美国受灾群众提供帮助。

—— 正遭受美国经济制裁的委内瑞拉政府宣布，将向美国受"哈维"风灾影响的地区及民众提供价值 500 万美元（约合 3295 万元人民币）的救灾物资。

我们有人民币、俄罗斯卢布、印度卢比，我们完全有能力摆脱美元带来的桎梏。

—— 2017 年 9 月，委内瑞拉总统马杜罗宣布，将使用以人民币为首的一揽子货币，取代美元在委内瑞拉国际支付体系中的主导地位。

兔子不是家里的宠物，而是 5 斤肉！

—— 委内瑞拉公布了一项"兔子计划"，马杜罗呼吁国民通过食用较易繁殖的兔子度过粮食危机。

他们绑架了宪法，绑架了我们的权利，还绑架了我们的自由。

—— 委内瑞拉议会主席博尔赫斯在委政府宣布代替全国代表大会（议会）行使立法权后，表示会极力对抗这些试图践踏公民权利的人。

伟大的政治家温斯顿·丘吉尔说过，政治家们若抱怨报刊，就好比水手抱怨大海。

—— 2017年2月17日，澳大利亚总理马尔科姆·特恩布尔表示，特朗普应该停止对媒体的抨击，并引用丘吉尔的话批评特朗普抱怨媒体是在浪费时间。

海外买家推高了新西兰房价。

—— 2017年10月26日宣誓就任的新西兰总理杰辛达·阿德恩宣布，她要做的第一件事是禁止外国买家在新西兰购买房屋。

这不只是因为她个人有魅力，她的崛起也代表了民间一股要求变革的情绪。

—— 自杰辛达·阿德恩上台后，新西兰工党支持率从24%直线上升到43%，首次超过国家党。她主张将每年净移民人数削减3万，以帮助更多新西兰人找到工作、购买房屋，同时减轻基础设施压力。对此，奥克兰大学政治教授雷蒙德·米勒评价道。

勇敢而有道德。

—— 美国决定退出联合国教科文组织，原因包括该组织存在"针对以色列的持续偏见"。数小时后，以色列总理内塔尼亚胡表示，以色列也将退出这一组织，并如此评价美方的决定。

当地时间 2017 年 3 月 19 日,伊拉克摩苏尔西部,一名男孩骑着自行车经过已被损坏的汽车和房屋。这个街区最近被伊拉克安全部队解放。(图 /Felipe Dana/AP/Shutterstock)

难民不是移民。在世界各地流离失所的难民还是要回到自己的祖国，重建自己的家园。

—— 外交部部长王毅就中东难民问题阐述中方立场。

社交媒体平台是真实社会的镜子。众所周知，如果你走到镜子前，不喜欢你所见到的，你可以走开。你可以打碎镜子，但那改变不了依然如故的事实。

—— 脸谱网（Facebook）非洲分公司公共政策主管埃伯勒·奥科比在一个主题论坛上如此描述社交媒体和社会中存在的种族歧视问题的关系。

我们一次次经历这种事情，被拒绝的人都是与非洲大陆相关的合法生意人。

—— 美国年度非洲经济发展高峰会如期在南加州大学举行，不过计划与会的 100 余名非洲代表集体缺席，原因是签证申请全部被拒。

为雨天储备一些饼干吧。

——美国加利福尼亚州州长杰里·布朗为 2017 年制定了紧缩性的州预算，他表示特朗普治下的加州就像遭遇雨天，这种情况下需要"省钱"以应对可能发生的经济低迷。

这样的时刻激励我国民众直面自己并回答一个问题：我们是谁？这样的时刻激励我们去战斗。

——美国加州遭受"哈维"飓风重创，州参议员黛安娜·范斯坦鼓励人们勇敢面对。

当年华人始终没有完全融入美国,始终没有完全成为旧金山的一部分——李孟贤成为市长后改变了那种局面。

—— 美国华裔选民教育委员会行政主任、州立旧金山大学政治学讲师李志威如此评价于 2017 年 12 月去世的旧金山首位亚裔市长李孟贤给当地华人群体所带来的影响。2011 年,李孟贤当选旧金山市长。

如果你在旧金山到了想要孩子的年龄但还没有挣到百万美元——甚至更多,你可能就要开始考虑必须离开了。

—— 人口专家理查德·佛罗里达一语道破旧金山之所以成为全美儿童比例最低城市的原因。硅谷的高科技公司抬高了房价和生活成本,只有没有子女的年轻人才能在这里立足。

在制定健全的枪支管制法律之前,还要死多少人?

—— 2017 年 11 月 5 日,美国得克萨斯州萨瑟兰·斯普林斯发生枪击案, 26 岁男子德文·帕特里克·凯利闯入当地一家教堂开枪扫射,包括妇孺在内共有 26 人丧生、16 人受伤。作家斯蒂芬·金评论道。

这个国家和这个世界就是存在这种仇恨。我们必须内省。我们可以成为一个更好的民族,但如果保持沉默就不可能实现。

—— 美国得克萨斯州发生导致数十人伤亡的教堂枪击案之后,该州副州长丹·帕特里克在接受福克斯电视台记者采访时强烈呼吁加强枪支管理和相关立法。得州是美国最抵制控枪的南部州之一,有民众在惨案发生后表示,假如得州也像纽约那样严格控枪,这次也许就不会导致 26 人死亡。

纽约人已经表现出来的是，我们不会改变。我们不会被吓倒。我们不会被任何事打败。

—— 曼哈顿下城发生自"9·11"事件以来伤亡最惨重的皮卡撞人恐怖袭击事件之后，美国纽约市市长白思豪表示，纽约人决不会向恐怖主义低头。纽约随后还是按计划照常举行了万圣节大游行和纽约马拉松。

还不到举国欢庆的时候。说我们比去年（2016 年）要强一些是没错，不过去年太糟糕，因而它不足以作为基准。

—— 芝加哥南部的罗马天主教神父迈克尔·弗莱格在得知阵亡将士纪念日（每年 5 月的最后一个星期一）那周的暴力事件有所减少时如是说。

在修路方面，我们已经耽误了大约 50 年。我无法用三四年的时间弥补 50 年的疏忽。

—— 美国内布拉斯加州奥马哈市市长琼·斯托瑟特解释说，缺乏资金导致马路年久失修，该市决定把柏油马路铲除，改铺碎石路。

美联航现在已经被美国段子手们黑得灵魂出窍了："上机医生，下机病人。""美联航，每一班都是红眼航班。""我们要起飞了，请关闭手机，不许再拍摄暴力画面。""美联航现在除了头等舱和经济舱，还推出了新舱位：搏击舱。"

—— 美国联合航空公司机组因机票超售，暴打一名亚裔乘客并拖下飞机，引发大量吐槽。有网友收集了其中一些段子。

BUILDING A COUNTRY
THAT WORKS
EVERYONE

当地时间 2017 年 10 月 4 日,英国曼彻斯特,在当地举行的保守党大会上,财长菲利普·哈蒙德向正在发表演说的总理特雷莎·梅递止咳药片。(图 /Phil Noble/Reuters)

我觉得他们可以把钱拿去改善别的东西：例如轨道，又或者是地铁内的空气品质。

—— 为保持性别中立，纽约地铁的播报取消了"女士们、先生们"等惯用说法，代之以更为中性"各位"或"乘客们"等。乘客娜塔莎·诺维尔这样表示。

我们知道这艘船肯定是不行了……我们知道我们的船要离我们而去了，如果我们不下去，就得和它一起玩完。

—— 由微软创始人之一保罗·艾伦带领的一组研究人员宣布，他们在太平洋海底找到了 1945 年 7 月 30 日凌晨被日军鱼雷击沉的"印第安纳波利斯"号巡洋舰的残骸。92 岁的老兵埃德加·哈勒尔回想起当年的事情仍心有余悸。制造原子弹"小男孩"的零部件和浓缩铀正是由该舰运送的。

我们参军，都是我们这个年纪的男孩，我们以为自己将去改变这个世界——结果并没有。我们仍然有集中营、饥饿，仍然有人在寻找安全的家抚养年轻一代。自私和贪婪真的仍然存在。

—— 二战老兵伊恩·福赛思回忆当年参军的初衷。

他们每天都对我说会有核弹在美国爆炸，说我让他们停止（动用水刑）是我胆怯了，说如果我不继续的话就会是我的错。

—— 美国公民自由联盟代表水刑受害者向美国一家地区法院提起了诉讼。被美国中情局称为审讯计划设计师的约翰·布鲁斯·耶森成为被告，他在口供中表达了自己对动用水刑的矛盾心理。2002 年，他与同事詹姆斯·米切尔设计了一套审讯手段，其中包括模拟溺毙感觉的水刑。2009 年，水刑等所谓"强化审讯技术"被禁止。

今天这件事传达出的意思很明确：身体侮辱在洛杉矶是不被容忍的。这至关重要，因为那张照片在网络上存在的每一天都是羞辱的一天。

——洛杉矶律师迈克·福伊尔在处理一个网络欺凌案时如是说。达尼·马瑟是一个颜值高、身材好的模特，在网络上拥有不少粉丝，她在网络分享了一位七十多岁的女士的裸照，并配有自己偷笑的自拍。网友们对此义愤填膺，马瑟因此被法院起诉。

我们都是人。我当时是想向他们（游行的黑人）说明，那些警察并没有对他们做任何事，互相传播爱对我们来说很重要。

——肯·恩沃戴克是美国黑人和平运动人士，他发起了"免费拥抱"运动，旨在传播爱并激发人们的社会责任感。

曼森是一个恶魔、一个老练的骗子，有着扭曲乖戾的道德价值观。

——83 岁的邪教杀人魔查尔斯·曼森在加州一家医院死亡。美国代理地区检察官协会主席米歇尔·汉尼斯借用当年把曼森送入监狱的洛杉矶检察官文森特·布廖西的话，回应了其死讯。1969 年 8 月，曼森领导的邪教团体"曼森家族"制造了轰动世界的系列杀人案，至少杀害七人，包括导演罗曼·波兰斯基已怀胎八月的妻子莎伦·泰特。

这或许是史上规模最大的一次逃单事件。

——在西班牙小城本比夫雷，一个庞大家族在当地一家餐馆用餐后集体溜走，留下 2000 多欧元的账单无人支付，这伙逃单人马足有 120 人之多。

公布的只是一小部分,占比不到 1%。

——维基解密网站公布了近 9000 份文件,曝光了美国中央情报局如何利用黑客科技窃听全球智能设备,令官方"猝不及防并感到恐慌"。而且,这仅仅是一个开始。

尽管今天取得了一场重大胜利,证明我是无罪的,但我无法忘记过去七年的生活,也不会原谅让我遭受这些痛苦的人。

——得知瑞典检察院停止有关性骚扰案的调查后,维基解密网站创始人阿桑奇表态道。

其实我们真心希望国土面积能越来越小!

——在太平洋北部漂浮着一座由海洋垃圾堆积而成的巨型"岛屿",其面积和法国相当。环保人士正在向联合国申请,在这座岛上建国,国名"垃圾岛",美国前副总统戈尔已成为该国的第一位公民。

乔治·布什根本没有意识到这会造成任何人的困扰,他再次为在摄影中冒犯的人道歉。

——现年 93 岁的美国前总统老布什最近因"咸猪手"丑闻致歉。一名为布什竞选活动筹款的女性说,老布什"轻轻地挤了一下"她的屁股。

当前国际恐怖主义的发生经常被追溯到 1968 年 1 月,反卡斯特罗组织从纽约邮寄的炸弹在古巴一个邮局爆炸,造成 5 人受重伤。从那以后,全球有近 40 万人死于恐怖袭击,最致命的仍然是 16 年前的"9·11"恐怖袭击,造成近 3000 人遇难。极端分子运动的平均寿命大约为 8 年。但联邦调查局前行动主管奥利弗·瑞维尔说,只要你使社会的其他部分服从于你,就会有一些摩擦会引发恐怖主义甚至战争。

——《纽约客》特约撰稿人罗宾·赖特说。

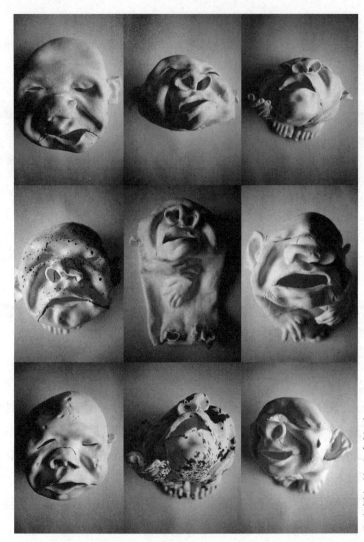

艺术家方力钧
2017年陶瓷新
作，于2017年
10月在北京民
生美术馆展出。
人们容易把自己
联想成其中一
个，或者进入其
中。（图／阿灿）

文化·生活

（国内）

没有别的世界，你目光所及的范围便构成了你所处的世界，在这个世界中你努力获得重要性，却以为这是世界的重要性。至少你有一种幻觉，觉得这个世界是比较重要的。这种狭隘和无知在主流或时尚文化的渲染中更甚。不假思索地与亿万人共时同在;或者以卓尔不群者自居，依然与千万人声气相通。殊不知，大全之世界是没有中心的，也不永恒。一个人若有重要性，早已潜伏在与万物平等的微不足道中。

——韩东

上帝太忙,把我忘了。

——2017 年 1 月 14 日, 112 岁生日的第二天, 周有光去世。他曾在 107 岁生日时开玩笑道。

让我们一起面对真假莫辨的《马云语录》《杨绛语录》《陈道明语录》《王朔语录》《韩乔生语录》《莫言语录》《白岩松语录》……特别想申请设立一个国产语录节,就在"3·15"那天。

—— 作家史航说。

很多文章的金句是我写不出来的,这些作者不要长期隐姓埋名,这么好的作品归到莫言名下,让我占了多大便宜啊,他们还是应该把自己的孩子领回去。

—— 对于网上流传的大量"莫言金句",莫言这样表示。

现在出来一趟太紧张了,到处都在拍你,到处都在录音。

—— 在北京国际图书博览会(BIBF)上,莫言表示,获得诺奖之后,自己一直处于外界的密切关注之中。

我现在比任何一个人都更企盼着中国第二个诺贝尔文学奖获得者,因为一旦出现以后,热点、焦点都会集中在他身上,我就可以集中精力写小说了。

—— 莫言的愿望。

鲁迅拒绝收编,同时也绝不收编我们。使我们成为独立思考的人,这是鲁迅对我们的意义。

—— 2017 年 7 月,已经以养老院为家的学者钱理群出版新书《鲁迅与当代中国》。

作家如果不给读者提供本民族人群和个人最艰难的生存境遇,那么他的伟大是值得怀疑的。

—— 作家阎连科把卡佛、门罗、乔纳森·弗兰岑等作家的作品称作"苦咖啡文学",认为它们"只是关注一个微小人群中的小伤感、小温暖、小挫伤、小确幸";并认为中国年轻作家已经在"苦咖啡文学"中越陷越深。

每一个知识分子的眼睛像探照灯一样,更多的知识分子像更多的探照灯,要照亮这个民族的未来。如果这些探照灯全部熄灭,这个民族的前方是黑暗的。这个民族最不缺的就是聪明人,最缺的就是笨人。

—— 在北京大学国家发展研究院 2017 届毕业典礼上,作家、北大校友刘震云作为嘉宾致辞。

有一种悲剧叫作"鲁迅的文章还没有要过时的迹象"。

—— 推特用户"rbttt"的看法。2004 年《新周刊》就有过类似说法:今天我们想骂的,鲁迅都骂过。

我特别反感"小鲜肉"(这个词)。哪怕直接说出人性的欲望,也比这个词好听。"颜值"是仅次于"小鲜肉"的我最痛恨的词之一。

——作家、文化部前部长王蒙说。

不管你是古人也好,你是现在的人也好,你是未来的人也好,都会有绝境,过不去的坎……咱们这个时代我也是非常喜欢,但是这个时代的绝境是无聊。

—— 2017 年 8 月 30 日,台湾作家朱天心新著《三十三年梦》在北京举行发布会,作家阿城受邀出席,并这样表示。

2017 年 9 月 16 日，北京，"千里江山——历代青绿山水画特展"在故宫午门展厅和东西雁翅楼展出。展览以北宋王希孟的《千里江山图》为中心，系统梳理、展示中国历代青绿山水画的发展脉络。

这十套房子从来没住过,从来没出租过,从来没出售过,都还在,信也住在里面。

—— 作家郑渊洁证实,他曾一口气买了北京 10 套房用于存放读者来信。这些房子如今都成了"学区房",算是最好的理财。

你下部小说什么时候写出来? 写好了能不能寄我一本?

——奥巴马首次见到《三体》作者刘慈欣时问道。

人的一生有一个半童年。一个童年在自己小时候,而半个童年在自己孩子的小时候。

—— 2017 年 12 月,诗人余光中去世,享年 90 岁。这是余光中说过的一句话。

这几年国家最重要的战略是扶贫攻坚,这是物质层面;在我看来另一个扶贫攻坚,是精神层面的,就是推广阅读。物质层面的贫困者是这个国家的少数,连 1/10 都不到;从精神贫困来说,这个国家的贫困者是多数,而且是不是在增长,我还不敢去做出判断,人均 4.58 本的阅读量证明了这一点。如果我们认为,物质的扶贫就可以解决一切的话就错了。

——央视评论员白岩松谈阅读推广。

已经花了这么多钱买书,为什么还要花更多时间去读书呢?

—— 根据亚马逊中国发布的《2016 亚马逊年度阅读趋势报告》,不少读者在 Kindle 上大量囤积电子书,却很少读完。有读者这样表示。

尽管每次去台湾都会去诚品敦南店转一圈，却从未留意老板其人……我只是觉得，一个没有很多漂亮书店的城市只是个小区，或者，放大的、超级版小区。

—— 诚品书店创始人吴清友病逝，语词搜集者、出版人黄集伟感慨道。

但实话说，很多人来图书馆是为了拍照发朋友圈，并不全是为了读书。

—— 由荷兰 MVRDV 建筑设计事务所与天津市城市规划设计院合作设计的天津滨海新区图书馆成为新网红。副馆长刘秀峰希望能把人们拉回图书馆，让大家觉得读书是很酷的事。

最严重的问题在于教育外国人，在网购方面除了中国是第一世界，其他国家全是第三世界，日本、韩国都不会，我们要教他们怎么过现代化的生活。

—— 故宫博物院院长单霁翔发表演讲，介绍了全网售票的意义。

一个新闻出来，主角是当红炸子鸡的时候都要问一句"×××是谁"。而一些偏门的外国作家、演员的新闻则是先查一下他／她的代表作，然后马上表示自己粉他／她几十年了。

—— 针对流量明星鹿晗公布恋情导致新浪微博服务器崩溃、日裔作家石黑一雄获得诺贝尔文学奖等新闻，有人评论道。

今天是一个讲求流量的时代，当一个名人死去，这件事变成流量，各路人马蜂拥而上，媒体和社交媒体共同构成云上坟的无烟墓园。

——文化记者张知依的感慨。

小时代本身并不让人厌恶,小确幸也很合于"帝力于我何有哉"的现代潮流,但当这种轻飘氛围的膨胀、扩张、渗透、通约一切领域,侵入生活并试图扼杀生活中各种丰富可能性,问题便产生了,人们的思考、创造、伦理责任、政治责任会被卸载一空。

—— 针对法国哲学家吉勒·利波维茨基所著的《轻文明》一书,上海财经大学副教授曹东勃有感而发。

人设意味着什么?就是说在娱乐工业的生产线上,已经有一整套现成的模具,而人设明星只需要按照经纪公司的打造,一个萝卜一个坑地填到那个模具里,也就是所谓"卖人设"。

—— 澎湃新闻作者许云泽撰文论述明星"人设"的生产机制。在人设时代,人设是第一位的,作品是次要的;既然人设是模组化的,人设明星就成了零部件,一旦人设崩塌,即有同类零件代替。

越来越觉得,人类弄来弄去是有了很多的进步,可是这些与日俱增的进步,比起整个自然界,整个这个结构,那还是微不足道的。

—— 95 岁的物理学家杨振宁表示,自己越来越意识到人类的渺小。

人们总要不断问我使用火药的意义。有时候我会回答:当世界各地恐惧和暴力不绝,创造了大规模毁灭能量的人类,还有人用爆炸的能量在创作着美,本身就给人类多了一点点希望。

—— 2017 年 12 月 2 日下午 3 点 25 分,也就是 75 年前科学家恩里科·费米及其"曼哈顿计划"团队成功进行有史以来第一次人造并自行持续的连锁核反应的同一时间,艺术家蔡国强在"芝加哥一号堆"原址的上空,炸出一朵 75 米高的彩色蘑菇云。他这样表示。

我们今天讲"古典",不是复古,也不是仿古,而是提倡一种范儿,古典范儿。(插图 / 李雄飞)

我根本觉得自己不属于这个时代,我也不打算属于这个时代,如果能够通过我的一点努力跟这个世界保持一定的距离,是最有意义的一个事儿。

—— 建筑师张永和说。

在今天,甚至王小波提倡的"特立独行"都会成为一个卖点,一种潮流,但真正的"特立独行"仍然不容易做到。

—— 媒体人张丰在《纪念写作个体户王小波》一文中写道。

他一直霸占厨房,给周围人做饭,认为任何厨神做的饭都没他做的好吃。他认为所有馆子的菜都太贵。他认识所有的鱼。他说,天亮了,又赚了。

—— 作家冯唐撰文纪念去世的父亲。

往后,洗个床罩被套,我一个人如何都不能展开、叠好。

—— 作家龙冬的妻子央珍因病去世,在悼亡文《往后》中他这样写道。

今后一切你都要自己操心,你成了自己的父亲、母亲。我不想你,也希望你别想家。实在想,就读本书吧。

—— 作家麦家在央视综艺栏目《朗读者》中读给远赴美国读书的儿子的信,几度哽咽。

离婚,是因为我有钱了……我不要这种虚伪!

—— 成名后,女诗人余秀华选择离婚,这是她觉得最美好的事情。

灯把黑夜 / 烫了一个洞。

—— 7 岁的姜二嫚写的诗。

搞不清楚、想不清楚的事,就永远让它隐没在半明不暗里边,至少它拥有美感。

—— 作家巫昂的体会。

许多成年人躲进了"我是一个孩子"的心理舒适区。可是真正的孩子才不会这么做。他们充满好奇、勇气,一直在探索……真正的孩子没有一天不在成长。

—— 作家水木丁说。

如果真动手打的话,定音鼓、打击乐的乐手力量会比较大一些。还有吹长号的,一看那个乐器,就知道乐手的力量会比较大,简直是音乐界的拳击手。如果是用声音来取胜的话,频率高到一定程度对方的心理可能会被摧毁?比如像短笛、小提琴、双簧管等,但定音鼓依然有着最大杀伤力。

—— 郎朗回答"一整个交响乐团打群架谁会赢?"这个脑洞问题。

1. 你要找到一条目前没有名字的道路;2. 制作路牌,贴于该路段相关位置;3. 坐等网络地图收录;4. 加入"民政区划地名公共服务系统"正式转正。Over。

—— 如何拥有一条以自己名字命名的道路?知乎用户"Special K"用中央美术学院学生葛宇路的案例进行说明。葛宇路将北京市朝阳区苹果社区南区北区之间一条小路命名为"葛宇路",还煞有介事地竖了路牌。"葛宇路"事件在网上发酵后,该路牌被有关部门依规拆除。

缺哪个神仙，随便建一个。

—— 河北易县的奶奶庙因清华大学在读博士生徐腾在一席的演讲《热闹观察家》而爆红。这个庙里，有官神、学神、车神等与时俱进的神仙，而其管理员这样表示。

现在这样一个视觉饱和的年代，大家看到怎样的建筑还会觉得心动呢？还会在网络上传播得这么久？只有这些妖魔鬼怪才具有如此的法力。

—— 针对各地的万达旅游城做成了仿真建筑——如南昌的青花瓷、无锡的紫砂壶、青岛的海螺等等，徐腾认为可能出于以上原因。

每座城市都有一些歌曲代表他们的文化底蕴，比如：成都有《成都》；上海有《夜上海》；北京有《北京一夜》；拉萨有《回到拉萨》；大理有《去大理》；厦门有《厦门之夏》；温州有《江南皮革厂倒闭了》。

—— 推特用户"wang_wuwu"的发现。有人补充：石家庄有《杀死那个石家庄人》。

来到北京时，我 20 岁，没有学历，没有背景，并不自信，一无所有。十年以后，我还在这个城市里，做着我想做的事，我没有过上自己理想的生活，但是，我没有去过自己不想过的生活。为什么我们忍受北京，无论如何，不忍离去？我想，因为这座城市，给了我们最珍贵的东西——可能性。

—— 作家柏邦妮说。

2017 年 10 月 30 日，天津滨海新区图书馆外墙上，映射出滨海新区的新建筑群。天津滨海新区图书馆被誉为"最美图书馆"，由荷兰 MVRDV 建筑设计事务所与天津市城市规划设计院合作设计，设计立意"滨海之眼"。（图 / 新华社）

今年流行鲁迅的那句"无穷的远方，无数的人们，都和我有关"，去一个国家旅游几天，看到听到的只是这个地方的沧海一粟，不过从此以后这里发生的事你会更关注。旅游的作用，无非是让更多的远方，更多的人们，都和我有关。

—— 饭否用户"二他姐姐"说。

小城生活使人觉得"被社会淘汰"完全是一个伪命题。人怎么被淘汰呢？还能被淘汰去哪儿呢？没有见过谁因为"淘汰"而消失。大家只见过社会被社会淘汰，几个浪过去，影子都不见了。

—— 饭否用户"洋鸟消夏录"说。

我想：是不是人遇到比自己弱的人就欺负，能取得生理上的快感？或者是基因复制？从那时起，我有了一个念头，我碰到每一个和我一样的弱者，就向他们传递爱和尊严。我在北京的街头，拥抱每一个身体有残疾的流浪者；拥抱每一个精神有问题的病患者。我用拥抱传递母亲的爱，回报母亲的爱。

——月嫂范雨素因《我是范雨素》一文刷屏。

中国人的一大问题，是太迷信武侠小说，认为金庸在小说中塑造的"独孤求败"很伟大，因为他四处找寻对手，却没有任何人能打败他。

——知名美籍华人数学家丘成桐在演讲时提出，学者更应该向自己发起挑战。

我们的教育不是要把人变成工具和机器，而是要"学以成人"。

——北京大学校长林建华在新生开学典礼上讲话。

那种偏安于知识的一隅而孤芳自赏的时代,已经彻底结束了。如果没有来自外部的刺激,所谓内部的真实性其实是很值得怀疑的。

—— 清华大学中文系教授格非在本科新生开学典礼上作为教师代表发言。

天上掉下这么大个馅饼,没想好怎么花。

——第二届"未来科学大奖"在京揭晓,清华大学教授、结构生物学家施一公获得百万美元奖金。

一个世界闻名的高等学府 120 周年大庆,看不到任何有关科技改变世界、关注人类未来、坚守精神独立性的理念,你在舞什么? 所以,今天我也不去母校添堵了,毕竟我一分钱都没捐⋯⋯

—— 浙江大学举行建校 120 周年纪念,事后,身为浙大学子的浙江电台主持人鲁瑾在文章中写道。

根据以往经验,女生读研后继续走科研道路的十不足一,读研期间也少有专心学问的,大多混个文凭准备就业⋯⋯真为那些有心走学术之路的考生担心啊。

——浙江大学社会学教授冯钢在微博中这样写道,他还曾表示,"历史证明学术界不是女性的地盘"。这些言论引起极大争议,包括美国、日本和国内多所高校的一些博士生、硕士生联名致信要求冯钢道歉。

你的消费记录很少在食堂吃饭,所以根据我们的算法,不认为你是贫困学生。

—— 中国科学技术大学学工部根据饭卡消费次数和总额,推断学生的消费能力和经济状况,并对贫困生做出精准资助。这被称为"贤者资助",是中科大首创的。

如果我们继续以前的教学方法，对我们的孩子进行教育，偏重记、背、算这些东西，不让孩子去体验，不让他们去尝试琴棋书画，我可以保证，三十年后孩子们找不到工作。

—— 在贵州举办的大数据峰会上，马云这样表示。

小学阶段孩子们的记忆力最好，一些文言文可能他们不太理解，但是，让他们多读多背多说，为以后的学习打下基础。

—— 新编语文教材主编、北京大学中文系教授温儒敏谈新编教材为何大幅增加了古诗文的数量。

减少文言分布事实上是剥夺学生进入真正汉语精髓的机会。

—— 作家张大春认为语文教材可以百分之百是文言文，"这并不妨碍你在日常生活上的表述，反而会让你在更亲近和熟练之余，更了解汉语的组织、构造、细微变化"。

做静态的纸质字典和做动态数字版本的字典很不一样，我们希望这部数字版本的字典是一个开端，它可以及时地更新，根据用户的需求提供更多精准的服务。

—— 商务印书馆发布《新华字典》APP，请到《新闻联播》原播音员李瑞英，对每一个汉字录制了原声播读。数字版字典不仅提供生词本等方便用户学习的功能，还提供组词、笔顺等知识问答。

我听说过某大学的附属小学，老师在改造句时，"羊儿在山坡上吃草"打钩，"山坡上，羊儿在吃草"就只收获一个红叉。

—— 学者杨早在文章里举了这样一个例子。

2017 年 6 月 23 日，北京。papi 酱在办公室的拍摄棚内接受采访。（图 / 李伟）

生活奔向小康中康到大康,家有儿女大学博士博士后。

—— 浙江省台州市临海市一户人家门口贴出的对联。

美国社会是一个放纵的社会,好处是允许个性发展,可是走得太极端了。中国的教育当然有缺点,但总的讲起来,对于多半的学生,尤其是 90 分以下的学生,中国的教育体制是好的。

—— 杨振宁认为,把中学生送去美国教育是一件非常危险的事情。

我希望学生们举止文明,班级井井有条,但我不希望通过同伴之间的相互告密来掌握他们的动向。

——"惩罚了举报人"的宁波小学老师王悦微"红"了,她特地撰写了一篇《老师如何处理学生告状问题》。

农村地区的孩子,越来越难考上好的大学。现在的状元都是这种,家里又好又厉害的这种。

——北京市文科高考状元熊轩昂表示,自己由于出身中产家庭而拥有更多资源。

教育局的负责人说是在拯救我。你觉得他们这样有什么诚意?

——"举报校方遭劝退"的高中生刘文展拒绝返校上课,并且不接受官员道歉。

山,一般就是待在那儿,什么也不干。

—— 据 2016 年发布的《中国家庭教育现状》白皮书,父亲主导教育的家庭不足两成,"丧偶式育儿"因此跃升为热词。缺席的父亲,也就是"影子爸爸","父爱如山"一词也遭到调侃。

目前东北有两大工业——重工业烧烤，轻工业直播。

—— 作家宋燕在豆瓣上看到了这句话，表示"简直无力反驳"。

上流社会人群稳坐车中，空调温度适宜；车窗外众人卖力追赶，精疲力竭后停下脚步随遇而安，回归小确幸式的生活。但中产阶层显然更加尴尬。他们一只脚勉强搭进车门，另一只脚仍在车外，不得不死抠住窗缝，在呼啸狂风中用尽全力保持平衡，恐慌感扑面而来。

—— 智联招聘首席执行官郭盛在《中产阶层：活在朋友圈，困在夹缝里》写道。

赢在子宫里。

—— 香港电视纪录片《没有起跑线》里的一对中产父母，为了让孩子入读"只收 10 名 1 月出生的学童"的好学校，精准计算受孕时间，并这样表示。

你与岳母的距离，只差一套房，没有房你只能叫阿姨。

—— 长沙某售楼广告的文案。

躺在病榻上的老人接到一个诈骗电话，对方谎称是她的儿子。老人的儿子其实在两年前就已经去世，但因为骗子的声音和儿子实在太像，老人竟舍不得挂断电话，听了好久。最后老人不得不说出实情，并请求对方再说一句话，骗子思考片刻，说：妈，保重！然后挂断电话。

—— 一个堪称短篇小说的段子。

未来有两种生意的价值变得越来越大：一种是帮助用户省时间；二是帮助用户把时间浪费在美好的事情上。同时围绕着以时间为新货币的理念,商业有两个获得用户的办法：一是让他上瘾,拖住他的时间；二是提供服务,优化他的时间。

—— 罗辑思维创始人罗振宇在深圳卫视的跨年演讲上表示,时间会成为商业的终极战场。

消费无罪,但不能选择不消费、选择不消费会遭受羞辱、选择消费还可能落入金融陷阱的现状,才是有罪的。

—— 虎嗅网首席评论员伯通撰文反思"双十一",认为人们可以理直气壮地对这套难以脱离的消费系统喊一声："我买不起。"

"双十一"感言：今天败完,明天完败。

—— 有人说。

"年轻人""青春""轻奢",这些词儿在广告文案中的真实含义,大概就是"穷人专属"。

—— 品玩网(PingWest)作者贾大方认为,商家为了推销产品,于是拐弯抹角地推出一套"年轻人"话语体系,比如"年轻人的第一台冰箱"、号称"青春小酒"的某白酒品牌。

某地产商打广告,"不妥协,青春正当时",推小户型鼓动年轻人买房。买了房就什么都妥协了我跟你说……

—— 所以,这句评论的意思是不要急着买房？

《王者荣耀》是 2017 年的现象级游戏，因为容易沉迷，它又称"王者农药"。（插图 / 李雄飞）

讲述农夫自己的故事：获得高学历，选择去种菜；放弃投行高年薪，选择去种菜；身价几百亿，选择去种菜；破产三十年，选择去种菜。至于种出来的菜会不会更好吃一点？管它呢。

——"好奇心日报"作者李哲撰文介绍"同样是买菜，如何营销显得高级"，以上是建议之一。

亲爱的箭牌口香糖，感谢你! 这么多年，感谢你在我左边，成为购买我的借口。

——2017 年 11 月 23 日，感恩节当日，杜蕾斯官方微博每隔 1 小时发送一张感恩海报，"调戏"了绿箭口香糖、德芙巧克力、士力架、Jeep 等 13 个品牌。

结婚 50 年，我写了 1872 封情书向他表白心意。他这个人不常写信，却用半个世纪回了我一封特别的情书。

——"方太"抽油烟机发布了一支名为《油烟情书》的广告。

虽然中国设计师涌现，但他们还没有身份标识（fashion identity）。

—— 时尚商业顾问、撰稿人冷芸在近日举办的上海时装周上谈论中国独立设计师。

我们是谁? 甲方! 我们要做什么? 不知道! 什么时候要? 现在要!

——美国漫画师艾丽·布罗什（Allie Brosh）的漫画被配上中文解说词后，成为风靡一时的"我们是谁?"系列表情包。

古城＝义乌商品展销会场；经典路线＝跟 3 万同胞撞游；最后一片净土＝最后一片大规模蚊虫聚集地；一生必去＝中老年自拍取景地；城隍庙＝户部巷＝夫子庙＝宽窄巷＝特色小吃街＝换个地方吃炸鱿鱼。

——"好奇心日报"作者王朝靖撰文认为，商家高举消费升级大旗的同时，词汇也跟着版本更新，各个界别都出现了"包装语"。以上为旅游行业的"包装语"及对应的含义。

10 万＋：中国日更的普利策文学奖。

学区房：中产阶层的身份证。

逃离北上广：没有大城市户口的人的集体艺术行为。

直播：中国东北产业升级。

——GQ 实验室文章《谷歌翻译什么都好，就是翻译不好》对一些热词的另类解读。

第一，不要成为一个胖子；第二，不要停止学习；第三，不要待着不动；第四，不要当众谈性；第五，不要追忆从前；第六，不要教育晚辈；第七，不要给别人添麻烦；第八，不要停止购物；第九，不要脏兮兮；第十，不要鄙视和年龄无关的人类习惯。

——作家冯唐《如何避免成为一个油腻的中年猥琐男》一文引发关于"油腻中年男"的热议。文中，冯唐列出这份"去油腻指南"。网友纷纷效仿，列出各自的清单和心得。

据说午睡、保温杯和短袖衬衫是三大普通中年标志；串珠、光头和陆虎是三大土豪男中年标志；玻尿酸、爱马仕和香奈儿套装是三大土豪女中年标志。

—— 一个网络段子。有人评论道：这个世界对中年人太不友好了。

中年油腻等级表：1. 腰带上挂钥匙；2. 后视镜挂佛珠；3. 车身贴有"越野 e 族"和"进藏路线"的车贴；4. 大谈酒文化与茶文化；5. 爱听汪峰及草原歌曲；6. 对名人野史如数家珍；7. 热爱养生枸杞茶；8. 使用翻盖手机皮套；9. 能用肚皮敲出《加州旅馆》的前奏。

—— 推特用户"oscarlee_"总结的"中年油腻等级表"。

中年人的油腻，那层光泽是来自岁月的包浆。

—— 饭否用户"为爱皮"的理解。

真正的"中年少女"是心口有一个"勇"字的女人，一直野心勃勃，一直充满欲望，总是渴望改变。

—— 据说"中年少女"具备以下特征：喜欢粉色、脱发、爱逛淘宝、开始养生、努力赚钱、想和小鲜肉谈恋爱等等。作家侯虹斌如此认为。

历史已经无数次表明，那些仅仅为追求编制而奔波的人，在机构改革的时候，往往也是最容易失去编制的人。

—— 媒体人张丰在《热爱编制的年轻人，比手拿保温杯的大叔还让人气馁》一文中写道。他还表示，大量年轻人痴痴等待编制的情景，让人感到心碎。

头发浓密，睡眠良好，财富自由，情绪稳定，人生四大目标你实现了几个？

—— 此句来自饭否用户"傅小司"。忽然之间，脱发就成了 90 后"中年危机"的一个表征。

中国摄影师韩萌在留学美国期间，采访了 20 个收留中国孩子的美国家庭，拍下《两者之间——中国孤儿在美国》系列。图为原名党芳婷、现居美国蒙大拿州的安娜卡和美国姐姐在玩耍。（图 / 韩萌）

佛系青年，大多不学无术，只活出了皮毛，装作了样子，借着文艺的涂抹，让自己凑活活着的生活多一丝文艺气息，让自己的生活看上去很有意义。

——作家王五四对佛系青年的解读。"佛系"这个词在 2017 年莫名成为网络热词，并衍生"佛系青年""佛系追星""佛系玩家""佛系恋人""佛系前任""佛系学渣""佛系生活"等说法。

佛系：都行，可以，没关系。
儒系：稍等，抱歉，对不起。
法系：免谈，不见，按规矩。
道系：闭嘴，滚蛋，你麻痹。

——网络上关于"佛系""儒系""法系""道系"的描述。二系（哈哈、哈哈、哈哈哈）、川系、广系、懵系、萌系等也应运而生。

像我这种打专车自备水，自备充电宝，路线按导航，不说话不打电话，主动过马路不麻烦司机掉头，下车自动扣款的人，算不算佛系乘客？

—— 推特用户"LovatMemo"说。

我错在，人生规划太简单，还没读研就上班，没听二叔的话，去他的单位当个保安。我错在花开了不敢去摘，大学都不懂恋爱，喜欢的人不是学历太低就是身高太矮。

——上海彩虹室内合唱团新神曲《春节自救指南》这一段歌词让很多人产生共鸣。

网络不断指导你的生活，"黑五"买什么，"双十一"买什么，看某电影前应该知道什么，应该读什么书，应该去哪里旅行，30 岁前必须做的一百件事。不要听，我年轻的朋友，一个字都不要听他们的。

——饭否用户"溺水经验"的一个经验。

调查发现，平时高举丧文化的年轻人其实一点不丧，丧是他们用于迷惑对手的烟幕弹，让对手轻视自己，但他们背地里比谁都努力。这类似于上学时课堂上故意玩给同学看，回家自己偷偷用功。

——"洋葱日报社"发布微博，调侃"丧是当代年轻人的竞争谋略"。

我不知道那种像我一样养猫、爱买鞋、沉迷手机游戏、看剧废寝忘食、没事就刷社交媒体的人怎么好意思说自己"无不良嗜好"的。要点脸好吗？这都算当代社会的吃喝嫖赌了！

——推特用户"rbttt"说。

带节奏不婚不育型账号被封，网络掀起"反猫复孩"浪潮：2042 年，面对日益严峻的人口形势，全面五孩政策正式出台，同年，网络上一批喜欢带节奏不结婚不生小孩的账号均遭封号。为了鼓励生育，"反猫复孩"成为这时的网络主旋律，微博上一批萌孩博主得到平台大力扶持，吸孩风气正在慢慢培育中。

——"洋葱日报社"的一个段子。

当代青年的一种丧：微信用猫咪头像来修饰自己千疮百孔的生活。

—— 推特用户"rbttt"为这句话加上的标签是"一场大型地图炮"。

因为孤单。

—— 知乎问题"为什么现在吃播这么流行？"获得的最高票答案。吃播即"吃饭直播"的简称，排遣孤独是人们观看吃播视频的重要动力之一。

我找不到家了，要抱抱，快抱我回家！

—— 知乎用户"Gabby 老师"称，自家的扫地机器人是平生所见戏最多的非生命体，给它安装萌妹子语音包后，它就各种加戏，上面这句台词是它被卡住后说的。

未来一百年左右，我们可能在火星上有一个 100 万人口的城市。

——《火星移民指南》译者、中国科学院国家天文台行星专家郑永春的看法。他表示，自己应该等不到那一天，但探险者们绝对应该去尝试这一行动。

我的师祖 60 年前做 AI，当时人家问他，要多久 AI 才能完全做到人的能力？他的答案是"5 到 500 年"，很有智慧的回答。现在 60 年过去，显然不是 5 年，我觉得大概比较接近 500 年。

—— 微软亚洲研究院院长洪小文的看法。他所说的"师祖"指"人工智能之父"约翰·麦卡锡。

现居巴黎的旅行者、玩家、策展人 caicaixiaomo 的 2017 年愿望清单。（图/caicaixiaomo）

时间正将毒药毁灭一切的生物……我在冰冷中的拜访／那颗衣遮蔽的林子里的太阳／它是人类的姿态。

——微软和湛庐文化合作推出微软人工智能产品经理"小冰"的原创诗集《阳光失了玻璃窗》，据称这是人类历史上第一部100%由人工智能创造的诗集。

工业文明实现了标准化的大规模生产，数字文明则释放了个性化的个人潜能；工业文明追求发展速度，而数字文明提倡更加平衡、更加高质量的发展；工业文明是人类征服世界的奇迹，而数字文明则开创了一个新的时代，让人类和自然，甚至和人工智能共同组建成一个命运共同体。

——腾讯高级执行副总裁刘胜义认为，以数字化和智能化为标志的数字文明时代已经到来。

爱让人类有别于人工智能。不要相信科幻电影里描绘的人工智能的爱（或感情），我可以负责任地告诉你们，人工智能不会有爱，它们甚至没有感情和自我意识。

——创新工场创始人李开复在哥伦比亚大学演讲。

不要拿"人工智能还很初级"来辩护。能用"老虎还小"作为养虎的理由吗？不要拿转岗的陈言来安慰公众，新岗位的95%仍将被人工智能取代。

——上海交通大学教授江晓原说，必须充分认识人工智能的危害性。

除了异端、创造性思维，还有人所特有的精神、情感、意志。这两方面就构成了人何以为人，人和机器人的区别。

——学者钱理群认为，人和机器人的最大区别是人有思维。创造性思维是不可复制、不可代替、不可计算的。

我发现在现在这个时候,就没有什么问题是"机器学习"解决不了的,如果有,那就用"区块链"解决。

—— 推特用户"cherylnatsu"说。

30 年后,比特币就是现在的文玩蜜蜡,一群谢顶的啤酒肚聚在一起,掏出手机来互相品鉴:"你看我这枚比特币,四川省的矿机出品,用三峡的水电滋养的就是不一样,瞧瞧这区块饱满,啊……这字符串对仗! 工整! 哎,包浆! "

—— 推特用户"stevoan"说。

"双十一"剁手,"12·3"补脑。

——2017 年 12 月,喜马拉雅发起第二届"123 知识狂欢节",知乎推出"2017 知识市场年度精选",网易有道推出了"123 好课节",有书推出"123 知识节",扎堆甩卖知识。有人这样戏称。

百度复制了一个知乎出来。知乎:不敢当,就是喜欢看你想得到我的身体但得不到还特不爽最后捏一个跟我一样的假人的样子。

——百度推出新产品"百度派"—— 一个类似知乎的问答社区。爱范儿网站主编刘学文如此吐槽。

三年后不加薪 50%,就退款。

——自媒体人咪蒙宣布进军知识付费市场,《咪蒙教你月薪五万》在喜马拉雅 FM 上线。

知识付费的畅销＝普适＋痛点＋易用＋名人＋群体＋促销＋包装＋心理。

—— 虎嗅网作者李慕阳认为，知识付费能火，一定是因为抓住了痛点——中产阶级的深层焦虑。因此，成功的知识付费产品一定是"人格权威担保、绝对可靠、简单易得、终生获益，预期明确、价格灵活无争议"的。

幻觉的破碎可能就发生在听完《如何快速赚到人生中的第一个 100 万》后的一个星期。彼时面对知识专栏的心潮澎湃，已经烟消云散。望着依然生活在惯性里的自己，最需要的不是订阅下一个专栏，而是一根事后烟。

—— 虎嗅网作者顾泽辉认为知识付费不过是提供了一种幻觉，这种幻觉错误地定义了订阅者与财富、金字塔头部之间的距离和到达难度。

哈！这是多么相似的场景——二三线城市里线下兜售给小镇青年们梦想的蓝领培训班，只不过那些美容美发、烹饪、挖掘机的线下课程，接上了互联网的地气后，摇身一变，成了北上广白领们热捧的：五分钟 ×××，从零开始 ×××，带你读 ×××。

——品玩网（PingWest）作者 yumei 撰文认为，"知识付费"并不能实现用户的个人成长。

从前人们的知识主要来源自经典，无数聪明人锤炼得比较确定的东西。而今人们的信息来源更广泛不确定，制造传播的人未必比读者知道得多，但那也不代表这样的信息无价值。只不过从前人侧重记忆力和演绎法，如今人们看重归纳法和判断力。智能算法的发展与此类似。

——饭否用户"gravity0"说。

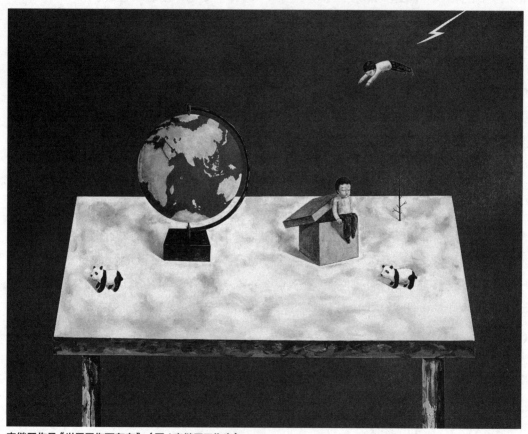

李继开作品《世界因你而存在》。(图 / 李继开工作室)

悔创阿里杰克马；一无所有王健林；普通家庭马化腾；不知妻美刘强东。

—— 马云在圣彼得堡国际经济论坛上表示，"我人生中最大的错误就是创立了阿里巴巴，我明明就想做点小生意而已"，人称"悔创阿里杰克马"；王健林在万达年会上唱《一无所有》，故名"一无所有王健林"；马化腾称自己家是"普通人家，只是房子大了一点"，人称"普通家庭马化腾"；刘强东称自己脸盲，"根本分不清楚谁漂不漂亮"，人称"不知妻美刘强东"。

杭州佬，喜欢太极拳，干过很多事，顺便做了一个企业。

—— 在出席世界浙商大会时，马云表示，自己的墓志铭都已经写好了。

我数了一下，可能（和阿里巴巴在）十几个地方都有竞争，真的是前所未有地激烈。但是它的好处就是正常、合理竞争促进发展。

—— 在 2017 年《财富》全球论坛上，马化腾谈及腾讯和阿里巴巴的竞争。

有一种历史进程是这样的：2009 年大家一起毕了业，你 offer 拿到手软，挑挑拣拣去了霸主诺基亚做手机；他学渣一个没办法，只好南下去腾讯（深圳本部还不要，只好去广州）搞莫名其妙的微信。

——豆瓣用户"李小补"说。

一转眼就到了该被华为淘汰的年龄。

——饭否用户"量子小熊"的感慨。有华为员工在华为内部沟通网站心声社区发帖称："目前华为中国区开始集中清理 34 岁以上的交付工程维护人员，而研发则是清退 40 岁以上老员工，主要针对程序员。"也就是说，在华为，34 岁就可能面临着被淘汰。

我们从来没觉得自己是自行车租赁公司，我们是一个技术公司。

—— 摩拜单车首席执行官王晓峰说，摩拜单车已申请三十多个专利，包括银色车身和红色轮子，完全是中国原创的东西，"不抄袭（硅谷）这个事儿挺爽的"。

如果你特别不喜欢另外一群人，那我们只有把后台的算法做得更好，让你尽量只看到你喜欢的那些人和事。但是那些你不喜欢的人，他们也有记录的权利。

—— 在极客公园 Rebuild 大会上，面对外界关于快手调性的种种质疑，快手首席执行官宿华如此回应。

三四十岁的老一辈企业家，已经不理解互联网了，因为他们都老了。

—— 自称"中国首位 00 后 CEO"李昕泽 15 岁时创办"崇才科技"。在他眼中，70 后、80 后已经跟不上时代。

作为老老老一辈企业家，我个人觉得压力山大！长江后浪推前浪，世界未来一定属于 00 后，加油！

—— 针对李昕泽的言论，小米公司创始人、董事长兼 CEO 雷军这样表示。

在我拿到几十万、上百万投资和奖金的时候，有很多成年人还在打着《王者荣耀》，拿着基本工资，过着十年如一日的生活！

—— 00 后 CEO 喻言这番言论刷爆网络。事后，喻言回应称，这些都是节目组安排的台词。

"你为什么不去站在互联网的风口上？""风口？我跟你说实话吧，别说风口了，就我这个发型，风稍微大一点儿的地方都不能去。"

—— 一个网络段子。

是时候把 iPhone 改名"爱疯"了。

—— 苹果宣布，2017 年年底对 iOS、macOS 和 watchOS 三个系统平台再度汉化，涉及一百多项名称，如 Airdrop 被汉化为"隔空投送"、"Finder"被汉化为"访达"、"Handoff"被汉化为"接力"。有人因此评论道。

社交应用 Slogan 大全：

知乎：与世界分享你刚编的故事。

微信：在朋友圈里做更好的自己。

豆瓣：一个人艾滋很冷，传染给文青就好了。

微博：随时随地发现老旧梗。

饭否：我们唯一存在的理由，是没有理由去死。

快手：有点能吃。

—— 饭否用户"黯歆"的总结。

互联网群组建立者、管理者应当履行群组管理责任，即谁建群谁负责，谁管理谁负责。

—— 网信办负责人解释群主的责任。

大家好，这里是微信官方。因为今天的圣诞帽需求量实在太高，我们 P 不过来。请大家少安毋躁，我们正在联系外包团队，争取在圣诞前做到人人有脑子，不对，是人人有帽子。

—— 来自知乎网的这则"通告"是关于 2017 年圣诞期间人们要求微信官方"请给我一个圣诞帽"事件的善意揶揄。

2017年10月12日,在郑州尬舞网红、"红毛"顾东林(左一)家里,他和舞伴"化肥"(中)、佳佳一起尬舞。(图/李伟)

今晚 / 将计就计 / 做个为这世界的一切点赞的人 / 为所谓煞有介事的其乐融融点赞 / 为所有紧咬牙关的和颜悦色点赞。

—— 广告人东东枪诗作《今晚,做个为这世界的一切点赞的人》。

人们刷微博刷饭否,人们靠看别人的生活来丰富自己的生活。

—— 饭否用户"Amoore"说。

早上:"今晚一定要早睡!"午夜:打开搜索引擎,查"耶稣有多高"。

—— 一个热门微博段子。在跟帖中,网友们纷纷晒出自己在夜阑人寂时的搜索截图:"奥特曼飞得有多快?剪刀石头布是谁发明的?"

晒专业兴趣>吸猫>晒书>秀恩爱>炫富>自拍>微商代购>转发鸡汤>养生……

—— 据说是朋友圈鄙视链。不过要论站在朋友圈鄙视链顶端的人,还是那些不发朋友圈的人。

耳机这个发明最伟大的一点是可以让你在自我封闭的同时显得不那么自我封闭。

—— 推特用户"Horus9527"说。

酒逢知己千杯少,话不投机贴图多。

—— 推特网友"poooo_chu"这一说法描述了现代社交的特质。

猫这种东西在社交媒体上有多火呢，举个例子吧，绝大部分人大概都不知道薛定谔哪国人长啥样结没结婚有什么爱好，但是都知道他的猫。

—— 知名网友"地下天鹅绒"说。

这两天朋友圈的节奏是这样的：白天亚洲游摄影大赛，夜里欧美游摄影大赛，餐点儿是回乡游朋友的美食摄影大赛，中间穿插几个哪儿也不去的丧逼跟我一起贱兮兮地给所有人点赞问安。

—— 辩手马薇薇中秋假期发的微博。

互联网时代的到来，为表情包这种亚文化提供了优质的生长环境，碎片化时代更成了表情包的盛世。

——"爱范儿"（ifanr）网站运营编辑李超凡谈表情包文化。根据专门做聊天表情的创业公司 Swyft Media 的数据，在全球 20 亿部智能手机上，每天发送表情和动图的总数达 60 亿。

当代人脸上根本没什么表情，却拥有许多表情包。

—— 网友"却被闪电击"这一说法可谓一针见血。

每只猫都有自己可爱的一生，但现在只有那些成为表情包的猫，才有机会被人们永远记住。

—— 品玩网（PingWest）作者贾大方撰文认为，猫是"当代表情包界的扛把子"，并这样感慨。

这年头人人宁愿说自己有病也不愿自己平凡啊。

—— 推特用户"1lmCN"说。

好看的皮囊千篇一律,有趣的灵魂互相抄袭。

—— 豆瓣用户"冰山李"说。

有些怀念从前车马慢的人,外卖晚到两分钟都要骂娘。

—— 豆瓣用户"岚曦"说。

人生总会有几个在心里泪流满面的时刻。

—— 饭否网创始人王兴说。

世间珍贵的事物有几种:善良的手艺,慷慨的批评,微醺的唱腔,狂浪的经文,不说的过去。

—— 饭否用户"她夏"说。

这世上让人感到安全的有两类事物:一是存款、工作、名誉和光明的前途;二是母亲、食物、温水浴缸和干净的床铺。

—— 饭否用户"Styx"说。

2017 年,保温杯成为"中年焦虑"的象征。(插图 / 李雄飞)

做人最重要就是开心，所以"三关"很重要。哪"三关"呢？关我什么事？关你什么事？关他什么事。

——"ONE·一个"发布的一个句子。

以为自己很重要、以为自己很聪明、以为自己很幽默，堪称现代人类三大顽疾。

—— 推特用户"LovatMemo"说。

不开心是和自己作对，输赢都是自己受罪。

—— 饭否用户"翘吧"的体悟。

中式八大宽容：大过年的、人都死了、来都来了、都不容易、还是孩子、岁数大了、为了你好、习惯就好。

—— 网络流行段子。

谁曾想到，"那你先忙"短短四个字，竟然蕴涵了"好想继续跟你聊天啊但我要表现得矜持懂事一点就你忙啊谁不忙啊我都能专门为你腾出时间你就不能放下手头的事多陪我一会吗真是气死我了"这么多字。

——饭否用户"学子"的发现。

那你玩吧。

—— 豆瓣用户"twotwo"说,这句话是"2017 年游戏寡妇 / 鳏夫的日常,精神鸦片受害者亲属的口头禅,分手前的征兆"。

古人出个游,写首小诗、画个小画什么的就叫文人情趣,那是因为古时候没有相机和社交网络啊。如果唐朝就有拍照手机,流传到今天的大概就不是李杜的诗集而是杨玉环的自拍,附带与李隆基的 300 万字聊天记录。

—— 推特用户"StarKnight"说。

当代人类的非物质情感遗产——聊天记录。

——饭否用户"夏废"说。

这些有关"捡垃圾"的文章在结构上十分类似于励志鸡汤,主人公原本平平无奇可能还生活坎坷,某日灵光一现决心"捡垃圾"之后终于实现了非凡的人生价值,要么收获名利,要么影响周遭。这些故事大多包含梦想、信念、创新、成功等正能量的内核,它们的主人公为了内心的坚持违背了社会普遍认知中正常的上升通道,以另一种姿态获得了成功,这是许多人无比渴望却无法实现的愿景。

——经纬创投公号发表的《我们分析了 10 万 +,发现你们最爱"捡垃圾"》一文写道。

厕所隔间、地下车库、楼梯拐角,人类平复情绪的好地方。

——饭否用户"邢早早"的一个总结。

安慰也不是全然没用,虽然没人可以替你喝了那碗苦药,至少也能帮你备着一颗糖。我需要那颗糖,你也需要。

——饭否用户"全智甜"说。

阅读者正在弱智化,微信爆款文章大行其道,碎片时代的浅阅读让人们逐渐失去了面对复杂、深邃问题的能力,不需要探讨,不需要思考,只需要一篇篇带着情绪的痛斥"贱人"或者"我不会跟对方讲道理,我会杀人"之类的发泄文章,然后站队就好了。咪蒙们像这个时代最大的巫婆,正在一点点吃掉你的思想。

——媒体人王瑞(王金牙儿)在饭否上写道。

近年觉得严重贬值的修饰语或形容,计有:良心之作、一个时代结束了、突破、老戏骨、家喻户晓、用生命演戏、标杆、横空出世、教科书等。

——贬值词是作家史航创造的一个新词,指那些俗套、泛滥、边界模糊之词。以上是他列举的贬值词,他以此抛砖引玉,收集了更多贬值词:重新定义、清流、情怀、逆天、殿堂级、神作、走心、精心打造等等。

段子已经成为大众业余文化生活中的重要内容,在我们的日常生活当中无段子无饭局,无段子无同学会,无段子无家庭聚会,几乎可以说是无段子无社交。

——出版人、语词搜集者黄集伟认为,10 年来网络语言带来的首要变化,就是我们的生存方式变成了"段子化生存"。而有些人更因此成为"段子之交",一起分享段子,参加各种自发组织的线下活动。

插图师左马作品《夜间巴士》。（图 / 左马）

为什么我的脂肪不能像我的朋友一样地离我远去？

—— 推特用户"lowpayman"的感叹。

我对你三生三世十里佩服。

—— 网络流行语，意思近似于骨灰级网语"我对你的崇拜如滔滔江水"。语词搜集者黄集伟评论道：可这百转千回气若游丝的"佩服"是不是有点元气不足啊？

贫穷限制了你的想象力、吸引力、亲和力、战斗力、意志力、购买力、影响力、凝聚力、创造力、竞争力、执行力、公信力、驾驭力、生命力、注意力、感染力、理解力、弹跳力、免疫力和巧克力。

—— 由"贫穷限制了你的想象力"引发的一个过度联想。

善良限制了你对现实生活的想象力。

—— 饭否用户"为爱皮"说。

老板早上又给我画饼了，还给我喂上一碗"公司要发展成几万人，我要掌管几千人"的特浓毒鸡汤。还好我是悲观主义者。

—— 网友"臬兀"说。

坏了坏了,北京搞完"亮出天际线"工程,一拍脑袋再搞"亮出发际线"可咋办?额头宽的咋办?脸大的咋办?空气刘海咋办?森系女孩咋办?日式小清新咋办?孙俪马伊琍和杨丞琳可咋办啊?

—— 知名网友"地下天鹅绒"的一个脑洞。

从凯里附近的一个小站飞驰而过,/青山绿水之间闪过一个站牌牌——六个鸡。

—— 贵州凯里"六个鸡"车站因鸡年的到来莫名走红。有媒体盘点了一些很奇葩的火车站名,包括宇宙地(内蒙克什克腾旗)、黄粱梦(河北邯郸)、小姑家、大姑家(吉林蛟河)等。此句是诗人胡续冬关于"六个鸡"的诗句。

能打动我的从来不是巧言令色的文学,而是一些简单平实、毫无修辞的文字。比如,录取通知书、公民批准信、花红工资单等等。

—— 推特用户"Vistaril"说。

这个时代的《1984》叫作404。

—— 这个说法来自公众号"票圈学研"。

脏话作为一种现象,它存在必然有其合理性,也是一种情绪的宣泄,实在是没法想象一个没有脏话的社会。

—— 上海某企业将"MLGB"注册为企业slogan,且自我定义为"My Life's Getting Better"。审核方则基于"MLGB"为中文脏话约定俗成替代词的认定,驳回注册申请。有评论这样表示。

一个 30 页的保险公司合同标准模板：第 1 页：如果您出现意外，我们将赔付您××万。第 2 页至第 30 页：如果出现以下情况，我们将不赔付。

—— 网友"越描越黑"记录的段子。

大多数公开的讨论都只是在表演讨论。

—— 广告人东东枪说。

这是一堆特别没意义的事儿，放在一起就是一个有意义的节日。

—— Someet 举办第二届"无意义节"，参与者可以参加在马桶上发呆大赛、空气吉他大赛、熊猫涂鸦大赛等项目。

今天上班，照常经过那片爬山虎。红彤彤的叶子已落光，剩下光秃秃的褐色藤蔓缠了满墙，"西宫南内多秋草，落叶满阶红不扫"，心里莫名有些慨然。其实落叶不会令人难过，我只是想起接下来的那句："梨园弟子白发新，椒房阿监青娥老。"其实生命里面很多事情，沉重婉转至不可说，比如岁月，比如山河，比如我爱你。

—— 饭否用户"NeverTilt"的感慨。

朋友说做研究的人多少都要有天赋，其实我对这种和各种类似的说法表示无语，喜欢做就去做，不要去想出路也不要去想自己到底聪明不聪明，这才是最好的"天赋"。中国人真的太讲究成功学了，缺少不在乎成功不成功、有用没用的真正感情。

——饭否用户"暴食色欲怠惰傲慢嫉妒强欲"说。

位于浙江省嘉兴市乌镇西栅的木心美术馆里,人们在安静地读书。(图/阿灿)

特别喜欢跟有爱好的人交朋友，有收集杯子车模的、有热爱滑雪的、有喜欢种花的、有愿意下厨的、有看书的、有拍照的、有攀岩的、有蹦极的、有跳伞的、有钓鱼的、有爱觅食的。无论大小，有个愿意花时间的喜好的人都特别可爱，给人真诚热爱生活的感觉，与他们交朋友，能感受到生命的热量。

——饭否用户"萧覃含"说。

还是不要焦虑了吧，要允许时间被虚掷在一些看似很无用的事上，搭乘地铁，步行买菜，煮汤做饭，每天行远路之必要，每天看杂书之必要，每天回复无用消息之必要。一切冗余细节之必要，在于帮我们一点点还原了生活最原本的模样。

——饭否用户"贾星星"说。

少年感这种东西太重要了，真的，一个人有趣的前提一定是有少年感，少年感是什么，是憧憬，是好奇，是纯真，是撒娇，是害羞，是调皮，是活泼，是大笑，是不遮掩，是真诚，是热情，是友善，是一切对世界初体验的表现。

——饭否用户"萧覃含"说。

仪式感也是一件很奇怪的事情，大部分时候也许都是别人眼中一件细微的琐事开始的，也许是更换了新的铃声，也许是更换了新的头像，抑或是换了新的发型新的首饰，等等。无论哪种，至少在那个瞬间，你是真的吁了一口气，也是真的打算重新开始，能够伸手握住的珍惜的，除了眼前人，还有活在当下。

——饭否用户"纪唯一"说。

我一辈子都喜欢跟着让我感觉有兴趣的人，因为在我心中真正的人都是疯疯癫癫的，他们热爱生活，爱聊天，不露锋芒，希望拥有一切。他们从不疲倦，从不讲平凡的东西，而是像奇妙的黄色罗马烟火筒那样不停地喷发火球火花，在星空像蜘蛛那样拖下八条腿，中心点蓝光"砰"的一声爆裂，人们都发出"啊"的惊叹声。

——饭否用户"红果娘子君"说。

好的事业谈不上坚持，好的感情谈不上经营，好的理想谈不上忍耐。真正的好东西唤醒你心中全部的爱与童真，赴汤蹈火，茶饭不思，心甘情愿，乐在其中，哪里需要所谓坚持经营忍耐，它们不过是一种理性权衡秋后算账，衬得心不够诚。

——饭否用户"朱峰"说。

这个周末就是我国的传统节日圣诞佳节了，每年圣诞前夜按照我们的传统大家都要围在圣诞树下包饺子，祈求晚上能收到圣诞礼物，老话说"圣诞不把饺子煮，晚上礼物没有谱"，有的时候为了添个彩头家长还会包一个苹果馅儿的，吃到的人可以得到节日最美好的祝福。

——豆瓣用户"雨前羽街"说。

我的肥宅学弟们迅速适应了麦当劳改名金拱门的冲击性事实，并立刻发明了新术语："拱吗？""拱！""拱一个。""马上就拱。"看着他们约饭，我脑内不禁浮现出一群欢快的肥猪纷纷拱门的景象。

——饭否用户"高帽钟螺"针对麦当劳改名金拱门的评论。

我和你们说,星巴克咖啡这个名字肯定也会改的。我刚刚搜了一下,不能叫美人鱼咖啡,因为这名字来自丹麦;也不能叫人鱼,因为这来自日本;最合适的名字叫鲛人咖啡,很正宗,很山海经。

—— 推特用户"jiben97559755"说。

距喜茶 360 米,距鲍师傅 470 米,距哥老官 490 米,距光之奶酪 460 米,距哈灵牛蛙面 170 米,距杏花楼青团 760 米。

—— 上海一家企业的招聘广告,广告语中所列的均为网红餐饮店。

我差点就考上清华了,我差点就长成范冰冰了。

—— 某馄饨店打出《舌尖上的中国2》差点推荐"的横幅,这是网友的回应。

去年有个急性心梗的早上 6 点过来的,然后躺到 1 诊室里面。他家属在外面商量溶栓的时候,病人突然让我喊家属,而且很严肃。我以为是不是要交代遗言这些,结果家属来了后病人说:"趁现在早没几个人排队快去先把月饼买了。"

—— 贵州省人民医院一位护士在朋友圈这样写道。病人所指的月饼,就是传说中的"省医月饼",由该院营养膳食科独创的,只有一种口味,2017 年销售额据称突破 2 亿元。

连条咸鱼都做不了。

—— 世界卫生组织(WHO)的国际癌症研究机构(IARC)公布致癌物清单,"中国式咸鱼"被列入"一类致癌物",引起网民讨论,有人这样说道。

BYU 电竞团队的
成员们。他们说,电
竞圈的人并不是
所谓"网瘾少年"。
(图 / 阿灿)

毕业时为了拥抱她,一个一个地拥抱了全班。

——有人毕业时做了这样的傻事。

我见过大江大河了,什么时候可以见到你呀?

——饭否用户"饭宝"说。

我们都是可以一个人活下去的人,但要不要两个人试试看?

—— 这句话来自日剧《家族的形式》。

"你知道我属什么吗?""属虎? 还是?""我属于你。"

——网友"明星煌煌"记录的这段情话,甜到腻。

古丽我给你念个斯(诗)你听一哈(下):天嘛,蓝球子的。云嘛,白球子的。一天没见你嘛,哦吼,想球子的! 见了你嘛,憋球子的。你让不让亲嘛,嗨呀,烦球子的!

—— 媒体人王瑞(王金牙儿)写的情诗。

完满的恋爱,就是终于出现一个人让你认识到自己有多美好。

——饭否用户"漠漠"说。

真爱就是无底线的回头。

——饭否用户"为爱皮"说。

他若真的聪明,许多问题不该拿出来问你;你若真的机灵,许多问题不该如实地回答。

—— 对于饭否用户"大亲亲"这个说法,很多情侣会有共鸣。

我属牛,来吧,跟我一起吃草吧。

—— 生肖属羊的适婚男女(生于 1979 年、1991 年)备受歧视,因为属羊的人会被认为命不好。一名单身男网友调侃道。

我老公常去国外,西餐的规矩他都懂。有一次带我去吃西餐,我不懂规矩,叫了份 8 分熟的, 旁边的人都笑话我,我老公看了看他们,说了句,咱们这有胡辣汤吗? 给我来一碗! 所有的人都在笑话他,包括我……这就是为什么我死心塌地地跟着他。

—— 一个网络段子,语词搜集者黄集伟将其评为 2017"年度爱情"。

所谓好的婚姻,就是厨房有烟火,客厅有微笑,卧室有拥抱,仅此而已。

—— 网友"泛黄的流年"的看法。

婚姻个人浅见,很简单:谈得来、香味相投、连生气都可爱就行了。另外人品,孝顺是必需的。以后再一起有什么摩擦,就不会用忍耐来度过,而是用另外一个层次来解读。

—— 饭否用户"小世界"的看法。

说不定有些人,只能是你生命当中的过客,注定与你无缘。说不定最幸福的一种能力,叫作"遗忘"。

——这个看法来自饭否用户"darkjoker"。对,那就彼此相忘于江湖吧。

33 岁以前我以为我不会结婚。但如果这 33 年都是为了等她，那也不算太长。
—— 一个新郎的致辞。

三年前，她在饭否转发了我做的一盘"花生沾"，说"完了，我要爱上这位了"。现在，我俩正在回门的路上。谢谢饭否。
—— 这是在饭否网发生的一个真实的爱情故事，来自饭否用户"寝室长大人"。

朋友们，婚姻太难了，我宁肯学高数。
—— 有人这样说。

尸检过程中，死者的丈夫全程在场，我们做一些操作时，他会小心翼翼地过来捏捏妻子的手。哪怕都是血，他也不在乎。尸检结束后，我们将尸体放在一边，他走过去，给妻子把衣裤一件一件穿上，内裤都好好地穿好。看到这一幕的瞬间我真是要泪崩了。这么多案子了，我是第一次见到真情的丈夫。
—— 饭否用户"法医预备役夜傻笑同学"记录的一个故事。

收拾好心情，把前任放上闲鱼。
——网络上流传的这个说法略狠啊。

我总以为离别是需要仪式的，比如醉一次酒、大哭一场，或者来一次旅行；可原来真正的离别是不动声色悄无声息的，只是两颗心渐行渐远。
——饭否用户"良久 Niki"的感悟。

2016 年"精灵宝可梦"（Pokemon Go）游戏最火的时候，全球玩家为之疯狂。图为香港市民在街头"捉精灵"。2017 年堪称现象级的游戏，则是《王者荣耀》。（图 / 视觉中国）

有人说要感谢前任让你成长,让你变得更好。我觉得不是这样,那些痛不欲生撕心裂肺的日子,都是你咬着牙一天一天熬过来的。凭什么要谢别人,你要谢谢你自己。

——饭否用户"她夏"说。

合适的伴侣,非常非常少,少到大部分都不太可能碰到,比起所谓尊严、所谓纯洁、所谓安全感,那个你能够喜欢也喜欢你的人最重要。但如果没有爱了,也无所谓出轨了,分不分手也没差。

——饭否用户"付萌萌"说。

"突然不喜欢一个人,是什么感觉?""他本来浑身是光。有那么一瞬间,突然就黯淡了,成为宇宙里一颗尘埃。我努力回想起他全身是光的样子,却怎么也想不起来。后来发现,那是第一次见到他时,我眼里的光。"

——饭否用户"林屃"说。

想要一个肉体上像少年、精神上像哥哥、刷起卡来像爸爸的人。

——网友"马冇冇"的 YY。少女,太贪心了吧。

尽量每天化妆时告诉自己:可能梁朝伟、彭于晏、张孝全、小栗旬要来睡我,不能让他们失望。

——网友"兔纸脸"说。

朋友圈有人分享《如烟》，突然想起泽泽上课回答不出问题被老师罚唱歌。我坐在斜前面，替她紧张，脑子拼命在想应该唱什么。她泰然自若，清了清嗓子就唱："有没有那么一种永远……"我偷偷录音了，她忘词，教室里的窃窃私语，翻书声，老师的踱步声，一听就能瞬间回到 17 岁的夏天。我望着指尖，已经如烟。

——饭否用户"夏废"记录的一个人生片段。

一个很有意思的矛盾：想表达爱意的时候，话语是贫乏的，话语又是多余的。

—— 饭否用户"小吃轮"的发现。

爱人存在的意义，不是为了让世间变得可以忍受，没有人能消除人世的不堪。而我，需要你，仅仅意味着，我对活着感到不甘，我认为我需要代替这个世界对你进行力所能及的补偿。我对你的爱，意味着，我对人世的放弃。

——饭否用户"沙滚滚"说。

一直盼望着能在立夏时候结婚，盼了个几年，到现在已经没有任何结婚念头了，但立夏这个日子还在我心里封存着。也不是什么纪念日，只是觉得夏天代表了所有的明亮与热烈，晚风下的温柔，因此希望立夏开始，你我能一起看看我们的新世界，白昼很长的世界。

—— 饭否用户"削桌"说。

恋爱就是对优质资源的占有欲，惴惴不安是因为知道自己不够强。

—— 饭否用户"裙纸裙纸"说。

"你是什么时候发现自己喜欢她的？""什么时候呢？大概是不知不觉开始期待她的消息，会想着她在做什么，我一个之前不怎么玩社交的人居然开始频繁刷微博微信只为翻看她的动态。偶然路过一家店第一反应居然是她在就好了，想带她吃她喜欢的东西，担心她一个人在外面很辛苦，连今天天气都想跟她分享。"

——饭否用户"纪长歌"说。

就像一只谨慎的兔子，壮着胆喜欢你，你只是一个不耐烦的表情，我就红着眼睛想逃回森林。

——饭否用户"狐不悔"说。

每段恋爱开始时谁都很可爱，不是时间让我们变得不可爱，是刚开始我们都装得太值得被爱。

——饭否用户"恶二爷"说。

所有的求爱都是自爱，所有的失恋悲伤都是替自己可惜。痴情的人也没有多高尚，只是擅长自我感动罢了。

——饭否用户"阿事儿"说。

哪怕在最亲密的关系里，也需要恰到好处的伪装来避免不必要的误解。自己都搞不懂的自己，为什么要强迫另一个人来懂？

——饭否用户"周阿乙"说。

2017 年 5 月，成都，
建筑师刘家琨在他
位于成都玉林南路
一栋老居民楼内的
建筑设计事务所里。
（图 / 阿灿）

别看了,忐忑不给你,情书不给你,不眠的夜不给你,四月的清晨不给你,雪糕的第一口不给你,海底捞最后一颗鱼丸不给你,手不给你,怀抱不给你,车票不给你,钱包不给你,跋涉不给你,等待不给你,钥匙不给你,家不给你⋯⋯一腔孤勇和余生六十年,都没有你。

——饭否用户"碳哑"说。

"聪明和睿智有什么不一样?""聪明是能够在跟女友吵架的时候瞬间看穿她逻辑论证上的矛盾与谬误然后再加以反击。""嗯,我了解了,那睿智呢?""睿智的人会安静闭上嘴。"

—— 推特用户"Chaoint"说。

爱她,就带她吃老麻抄手。

——重庆一家小吃店打出的横幅。

回忆了一遍变胖的经历,大概是瘦,有人追,恋爱,然后不打扮不出门,吃啊吃,变胖,被甩,然后失恋,减肥,又有人追,恋爱,然后结婚,吃啊吃,变胖,至今。你看啊,让我胖的不是吃,而是爱情这个王八蛋。

——饭否用户"暖小团"说。

这年头啊,招聘搞得像招亲,招亲搞得像招聘。

—— 推特用户"Fatal1tyV"说。

不管友谊还是爱情，都要跟你尊敬的人在一起。不要把时间和精力分配给你不太看得上的人，人都敏感的，对方其实能精准捕捉到你的"看不起"，那些委曲求全的感情最终都会反噬成为你生命中的定时炸弹。

——网友"一朝相会"的看法。

有的女生身体里 70% 是水，有的女生身体里 70% 是戏。而我，一个保温杯女孩，身体里 70% 是热水，热水。

——来自饭否用户"枭兀"的这个说法，很多女生会赞同。

现代炼蛊：把美发师、健身私教、屈臣氏导购关进一个房间，看谁先说服对方办卡。

——推特用户"CasperYang"说。

上海地铁里播一个穿越武侠魔幻什么的古装电视剧的片花，胖子看得津津有味，我说你看明白了？他说：农业太空歌剧。

—— 推特用户"cxiaoji"说。

刚才在地铁上玩《王者荣耀》，有人跟我让座，说，坐着打状态好点儿……震惊了。

—— 豆瓣用户"午夜飞行"的一次亲身体验。

孙悟空是公元前 578 年出生的，属马，不属猴。

—— 推特用户"majunpu"说。

你所厌恶的现在,是未来的你回不去的曾经。

——网友"杀猪 D 文人"说。

你所喜爱的雨后空气中泥土的味道,那是放线菌的味道。

——有人在微博上呼吁网友"分享一个你所在行业的小秘密",这是一位学植物保护的网友的回答。

祝大家在新年里变得跟自拍头像一样好看。

—— 网友"大望鹿"的新年祝愿。

年关抽泣着说:我很难过。你们不要过来。

——饭否用户"夜骸"的一个戏谑。

今年又只剩下一个月不到了,一事无成的你们是不是 1 月 1 日又要在社群平台上写下一堆根本不会完成的新年新希望清单?

—— 推特用户"mlch3n"说。

未来,机器人将成为家庭新成员。30 岁的太田智美就拥有一个非人类同居伙伴——类人型机器人 Pepper。(图 /Franck Robichon)

文化·生活

（国际）

乔伊斯用《尤利西斯》和《芬尼根的守灵夜》将书变成了一个世界。今天,世界已经变成了一本书——更确切地说,是新闻故事、电视节目或电影胶片。书写这些世界叙事的,是那些导演着灾难事件的人,是那些军事领导者、极权领袖、恐怖分子、弄权者。人们想读的小说是世界新闻。

——唐·德里罗

宁静谦逊的生活比纷纷扰扰地追逐成功更让人快乐。

——2017 年 10 月 24 日,爱因斯坦 1922 年访问日本时手写的一张便笺上拍出 156 万美元的高价。这是爱因斯坦送给一位酒店服务员当小费的。拍卖行发言人称,尽管爱因斯坦的幸福理论肯定的是简单的生活,而不是财富和成功的价值,但那名服务员的后人却对新获取的财富欣喜若狂。

这是我们在近几十年中经历的发展最快的一次社会变动,它的开端是数百名女性——还有少数男性——决心说出自己的经历。

——《时代》周刊主编爱德华·费尔森塔尔解释该刊 2017 年度人物选定"打破沉默者"(所有公开承认自己曾是性骚扰和性侵受害者的人)的原因。

鉴于社会对媒体报道的信任度遭到破坏,今年(2017 年),"假新闻"不可避免地成为年度热词。

——《柯林斯英语词典》编撰人员在调查了 45 亿个词汇后,发现"假新闻"(fake news)在 2017 年的使用频率比 2016 年增长 365%,因此将之选为 2017 年年度词汇。柯林斯词典语言内容主管海伦·纽斯特德如此表示。

脸谱网是一种新平台,它不是传统科技公司,也不是传统媒体公司。你知道,我们负责开发技术,我们对技术的使用肩负着一份责任。人们在平台上看到的新闻不是我们写的,但与此同时,我们也知道自己的责任不仅限于传播新闻,我们是公共话语的重要组成部分。

——脸谱网(Facebook)这个全球最大社交网络上泛滥的假新闻被指影响美国大选结果。创始人兼首席执行官马克·扎克伯格这番话的意思是,脸谱需要像媒体一样承担信息过滤的责任。

真实新闻通常会以某种形式被数十家媒体报道,这会削弱任何一种版本的热门度。然而,每一则虚假新闻都是独家。难怪最热门的虚假新闻的风头总会胜过最热门的真实新闻。

——《金融时报》专栏作家蒂姆·哈福德说,虚假新闻似乎无所不在,但其实影响力有限。

对我而言最重要的是,在我们的语言反映出日渐加深的不安和疲惫感之际,这是一个少有的带着积极语调的政治词汇。

——青年冲击(Youthquake)一词出自美国《时装》杂志编辑黛安娜·弗里兰,指英国大选期间杰里米·科尔宾领导的工党拉拢年轻人的行为。它被评为牛津词典 2017 年度热词,牛津词典总裁卡斯珀·格拉思沃尔如此表示。

这两大趋势(全球化和数字化)已经完全改变了全球商业的面貌。

——2017 年广州《财富》全球论坛的主题为"开放与创新:构建经济新格局",重点关注全球化和数字化两大主题。时代公司首席内容官兼《财富》杂志主编穆瑞澜这样指出。

他们比任何人都努力工作,愿意吃苦。华人简直就是地球上最惊人的经济蚂蚁。

——马来西亚首富郭鹤年在《郭鹤年回忆录》中表示,华人对东南亚贡献巨大。

中国市场太大及太重要,我们不能不拥有它。

——"维多利亚的秘密"母公司 L Brands 将中国市场列入"最优先级",其主席莱斯·韦斯纳这样表示。市场研究公司英敏特预测,到 2020 年中国内衣市场销售额可达约 1480 亿元。

行为艺术家安托涅在 4 年内收集了大量垃圾,她用自己的手机以垃圾为背景,拍摄题为"#365 不打包"的系列照片,以此呼吁人们不要制造那么多垃圾。(图 /Antoine Repesse)

Airbnb 变成了"爱彼迎",意为"让爱彼此相迎"。Airbnb 发布中文名称的做法一点都不奇怪：在华的大多数国际品牌都在给自己取中文名。如何选择一个恰当的中文名却不是件容易事。美好的含义搭配一个发音贴近原始名称的中文名,这简直就是不可能办到的事情。

——西班牙《国家报》文章说。

姑妈发来的代购清单：长白山人参、茶叶、稻米油。好不容易凑齐了,都说我是"诚信中代"。

—— 日本演员矢野浩二在微博上这样表示。为外国人代购他们喜欢的中国商品被称为"逆代购"。一些中国特产如清凉油、老干妈辣酱、马应龙痔疮膏等在国外受欢迎,逆代购应运而生。

如果他没有与班农在 6 点半用晚餐,他喜欢在床上吃一个芝士汉堡,看着他的三个屏幕并给人打电话—— 电话是他与世界的真正联系点。在晚上,他会和他的朋友们在电话里聊自己的起起落落。

—— 资深媒体人迈克尔·沃尔夫披露特朗普入主白宫前后秘辛的新著《烈焰与怒火：特朗普之白宫内幕》(*Fire and Fury:Inside the Trump White House*) 提前上市,引发抢购风潮。书中这样写道。班农即白宫前首席策略师斯蒂夫·班农。书名"Fire and Fury"来自特朗普在推特上的言论。

你身材真好,真漂亮。

——特朗普恭维法国第一夫人布丽吉特这句话被锐步拿来调侃,列出不适合说这话的五个场合：与女士同处电梯、同处健身房、买咖啡排队、对未来岳母做自我介绍、与世界领导人夫人打招呼。

不读书，让人怀疑特朗普无法理解世界的复杂。

——《赫芬顿邮报》称，特朗普只看关于自己的报刊报道，从不读书。作家南桥评论道。

如果我们突然撤销他们的推特账号，那么会发生什么？一切都会变得不透明。我认为这对任何人都没有好处。

—— 超过 3 万美国人在白宫网站上发起请愿，要求封掉特朗普的推特账号。推特公司首席执行官杰克·多西如此回应。

如果特朗普的推特被关了，这从技术上说他是不是就不再是总统了？我的意思是，那是他的工作中他唯一关心的部分。

—— 2017 年 11 月 4 日，一位即将离职的推特员工把特朗普的推特账号关闭了 11 分钟。美国前安全局官员约翰·辛德勒评论道。

我们看到，随性的冷酷降低了我们的话语格调。有的时候，那些把我们强行拉开的力量似乎比把我们团结在一起的力量要大。我们看到，民族主义被扭曲成为本土主义，忘记了移民一直给美国带来的活力。我们看到，对利伯维尔场和国际贸易的信心在衰退，忘记了随着保护主义而来的是冲突、动乱和贫穷。

—— 美国前总统小布什批评美国的孤立主义。

如果没有携带超薄智能手机，女王陛下就哪儿也不会去。

—— 现年 91 岁的英国女王伊丽莎白二世在白金汉宫通过脸谱网进行全球首次网络直播，内容是 2017 年青年领袖奖的颁奖典礼。

你们在这儿待得太久，会全都变成眯缝眼。

——现年 95 岁、以讲话直白著称的菲利普亲王（伊丽莎白二世的丈夫）将卸去公职，美国媒体盘点了他过往的失言语录，这句是他 1986 年访华期间对身在中国的英国留学生说的。

哈里王子的孩子有机会成为美国公民，然后竞选美国总统。他们想让美国回到英联邦的怀抱，他们就是这么做的。

——哈里王子与美国女演员梅根·马克尔订婚，有阴谋论者在推特上如此表示。面对这史诗般的脑洞，一英国网友留言说："我们才不想要美国呢，真的。"

我希望这意味着他能远离我的冰箱，不会再来找我蹭吃蹭喝。

——威廉王子如此调侃弟弟哈里王子的订婚消息。

学生在学校里不许有好朋友。

——英国乔治王子就读的小学的一条校规。校方表示，该校规是希望学生与来自不同阶层、不同种族的所有学生交朋友，而不是发展小圈子。

他说过，他爱妻子，但与身为制度一部分的女王谈不拢。

——丹麦亨里克亲王的传记《孤独者》的作者斯特凡妮·苏鲁古一语道破亨里克亲王拒绝死后与玛格丽特二世合葬的原因。

我丈夫唯一会抱怨的事就是我做的派酥皮不够多。他毕竟是面包师的儿子。

——默克尔说，她丈夫从来没抱怨过她做的土豆汤，周末她还给丈夫做牛肉包馅肉卷。

在日本,极简主义已经成为一股潮流,越来越多人选择过一种"不持有的生活"。图为沼畑直树与两岁半的女儿在东京的家里。(图 /Thomas Peter)

女性——我们出生之时与我们同在,女性——我们弥留之际在我们身边。女性——是战斗时的旗帜,女性——是眼眸中的喜悦。

——2017 年 3 月 8 日,普京在电视上吟咏俄国白银时代著名诗人巴利蒙特的诗句,为女性送上节日祝福。

支撑西方发达国家和日本繁荣的两大基础,"平等"和"开放"正处于衰退的危机之中。

——英国《经济学人》杂志前主编埃莫特在其新书中警告。

德雷兹纳的论点是,思想领袖的时代取代了公共知识分子的时代。在最糟糕的情况下,公共知识分子是"思想的二道贩子"。在最好的情况下,他们毙掉坏思想并且"揭穿那些伪装成共识的错误思想"。公共知识分子是江湖骗子的天敌。相比之下,思想领袖就像是伯林口中的刺猬。他们懂一样东西,反复兜售,至死方休。

——《金融时报》专栏作家爱德华·卢斯评丹尼尔·德雷兹纳所著的《思想产业》。

现代主义建筑师密斯·凡·德罗说:少即是多(Less is more)。后现代主义建筑师罗伯特·文丘里说,少即是闷(Less is a bore)。

——《经济学人》文章《各种主义》中说。

一个人成熟的标志之一,就是明白发生在自己身上的事 99% 对于别人毫无意义。

——著有《最愚蠢的一代》的美国埃默里大学教授马克·鲍尔莱因说。

我们应该以怎样的方式占据一个特定的空间？今天，我们关于自我的想法掩盖了世界的宏大。我们希望支配空间，而不是跟它和平共处或产生共鸣。但世界是一个宏伟壮阔之地，喧嚣、广袤，让人内心变得宁静。如果我们不是总想置身于世界的中心，那么世界会在多大程度上显得更加广袤深邃？

——《连线》杂志作者贾森·帕勒姆的思考。

科技很了不起。但它与这世界最美好的东西没什么关系。它在赶走人类最糟糕的魔鬼（贫穷、无知和疯狂）上只会发挥次要的作用。我所指的最美好的东西是什么？从法律上禁止种族主义；残疾人权益；女性解放；理性至上；迷信失势；民主、社会保障、动物权益、延长寿命。

——《金融时报》记者乔纳森·马戈利斯说。

卡尔·波普尔说，人类历史是迈向开放，以及同样坚决地向部落主义倒退。开放社会是指引我们前进的灯塔，封闭社会是磁铁，把我们往回拉。我们每时每刻都生活在后退的边缘。换言之，当有人让你在雅典和耶路撒冷（理性和启示）之间选择，你要选亚历山大港。因为那里有图书馆。

—— 美国作家亚当·戈普尼克的观点。

当人们阅读萨特论自由、波伏娃论压迫的隐蔽机制、克尔凯郭尔论焦虑、加缪论反叛、海德格尔论技术，或者梅洛－庞蒂论认知科学时，有时会觉得好像是在读最近的新闻。他们的哲学仍然很有价值。

—— 英国作家莎拉·贝克韦尔说。

如果简·奥斯汀和弗朗茨·卡夫卡合体，那就是石黑一雄了，但他身上也还带一点马塞尔·普鲁斯特的影子。他们几个人的风格合在一起，但又别混得太彻底，这就是石黑一雄作品的特点。

—— 瑞典学院常任秘书萨拉·达尼乌斯总结 2017 年度诺贝尔文学奖得主石黑一雄的写作风格。

小说可以娱乐，有时也可以传授观点或是主张观点。但对我来说，最重要的一点在于，小说可以传递感受；在于它们诉诸的是我们作为人类所共享的东西——超越国界与阻隔的东西。许多庞大光鲜的产业都是围绕小说建立的——图书业、电影业、电视业、戏剧业。但最终，小说是一个人对另一个人的诉说。

—— 石黑一雄在瑞典文学院领奖时发表了演讲《我的 20 世纪之夜，以及其他小突破》。

我的阅读经历中有两个神一般的人物：契诃夫和陀思妥耶夫斯基。到现在为止，在我的写作生涯中，我更多地追求契诃夫的风格：简单、精确、谨慎、克制的语气。但我有时会嫉妒陀思妥耶夫斯基彻底的混乱。生活是混乱的。书该那么整齐、有型吗？我需要探索我的写作中的另一面：混乱、不守纪律的一面。

—— 石黑一雄谈对自己影响最大的两个作家。

历史对于国家来说是集体性记忆，将其视为过去的东西试图忘记，或者涂改，都是错误的，必须与之对抗。虽然小说家能做的有限，但可以用讲故事这一形式来对抗。

—— 作家村上春树在新著《刺杀骑士团长》中承认"南京大屠杀"，而遭到日本右翼围攻，他如此回应。

摩洛哥山区的舍夫沙万，有着蓝色小镇之称。当地人日常穿着传统服饰 djellaba 和摩洛哥皮拖鞋。（图 / 郑依妮）

其他伟大的作家没有获奖让我产生些许负罪感。

—— 石黑一雄这句话指的是村上春树,两人之间惺惺相惜。而村上春树一直是诺奖的热门人选。

勒克莱齐奥又来交流了。他获奖前我很喜欢他,是一个文学独行侠,现在和一个中国地方作协主席差不多。卡夫卡生前只出席过一次"交流会",在小酒馆朗读小说片断。写作是完全个人的事,哪有这么多交流。

—— 诗人廖伟棠对曾获得诺贝尔文学奖的法国作家勒克莱齐奥的批评。

在流行年轻的时候,我老了 / 在流行笑的时候,我哭了 / 在本来无须太多勇气就能爱你的时候,我却恨你了。

—— 廖伟棠在专栏中引用布考斯基的这首《就像麻雀》,并表示:"在大众都意淫着诗人的爱的时代,他这样重塑了诗人应该有的决绝形象。"

读小说和写小说是一种积极入世的方式,一种对话和竞争的形式。是一种为人之道和成长之道。

—— 美国作家乔纳森·弗兰岑在《论自传体小说》中写道。

隐喻是一件事,但不断重复的隐喻是另一件事。帕慕克总是担心读者没有注意到这些隐喻。

——《华盛顿邮报》文章认为,帕慕克在新作《红发女人》(The Red-Haired Woman)中太热衷于说教,以至于书中充斥着各种典故和象征。

20 年前的今天，那个只有我一人存在的孤独的世界，突然向全世界敞开了。这太棒了，谢谢你们。

——2017 年 6 月 26 日，J.K. 罗琳在推特上这样写道。那一天，《哈利·波特与魔法石》出版，首印只有 500 本，几乎无人问津；20 年后，HP 已经成为代表英国文化输出的顶级 IP。

真实的达西先生有着单薄的削肩和平坦的胸部。饱满的胸肌和宽阔的肩膀在当时是体力劳动者的标志，而不是绅士应该有的身材。真实的达西应该戴着中等长度的白色假发，椭圆长脸，小嘴、长鼻子、尖下巴，脸色苍白。这和科林·费尔斯刻画的轮廓鲜明、肤色黝黑的形象大相径庭。

——伦敦大学玛丽皇后学院早期近代史系教授阿曼达·维克里说。

就像 10 点 10 分的时钟指针一样。

——已经去世 28 年的艺术家达利的遗骨于 2017 年 7 月 20 日被挖掘出来，进行 DNA 检测，以确认现年 61 岁的皮拉尔·阿贝尔是否达利的亲生女儿。达利的尸体防腐员 Narcís Bardalet 称，开棺时达利那标志性的小胡子还在。

做出应受谴责行为的倾向就包含在艺术天才这一神话中—— 天才这一称号却很少延伸到女性头上。历史学家马丁·杰伊称之为美学托词：艺术为罪行开脱。

——《纽约时报》记者阿曼达·赫斯说，把艺术家的作品和他们的行为联系起来有助于更清晰地看待他们的作品。

我在花园尽头的小屋里工作,那里没有无线网,因为只要你在线,两个小时一眨眼就没了。我把我的手机放到一个抽屉里锁起来,直到午饭以后才看邮件。还有一个重要原则,就是直到晚饭停笔前都要滴酒不沾。喝点儿酒确实能写出很多东西,但你次日重读的时候就会发现写的都是垃圾。

——英国作家、历史学者威廉·达尔林普谈及自己的写作经验。

25 年后,会有许多图画小说。电子书阅读器不会占领全世界。书籍将持续存在。小说将作为一个小众市场而保留下来。某个杰出的人,目前刚开始上小学,将用一部关于机器人以及为何应授予它们完整人权和法律保护的小说而震惊世人。

——英国作家伊恩·麦克尤恩回答《泰晤士文学增刊》的 20 个问题。

我仍在写书,还差几个月才能完工(那究竟是几个月呢? 好问题),我依旧时而思如泉涌,时而文思枯竭。到底《凛冬的寒风》和《血与火》哪本能先被摆上书架还很难说,但是我认为你们会在 2018 年拿到一本关于维斯特洛的书……谁知道呢,也许是两本……

——J.R.R. 马丁预计《冰与火之歌》系列下一部《凛冬的寒风》将在 2018 年出版。

在美国,我们对于保护文化的必要性已经听了太多。而当下的文化,是超越国家的文化,富于同情心的文化,也是行动者的文化。它就像一个房间,住满了语言、美和含混不清的信徒,他们努力想理解别人的观点,哪怕在艰难的时刻。

——美国作家乔治·桑德斯凭借小说《林肯在中阴界》(*Lincoln in the Bardo*) 获得 2017 布克奖。

一对加拿大情侣在洛基山脉拍摄订婚照片,一只松鼠意外闯入镜头,成为照片上的最大亮点。(图 / 东方 IC)

我认为翻译一本文学小说未必要逐字翻译，在《射雕》（*Legends of Condor Heroes*）里，虽然"Condor"是一个来自美洲的原生物种，但其体态及美感更接近小说中的雕，对西方读者来说，也许"Condor hero"念起来更有韵味，让读者可以更容易进入作者的小说世界。

——金庸小说《射雕英雄传》首版英文译本译者郝玉青（Anna Holmwood）说。

私人信件历来是一个重要的文学媒介。梵高、简·奥斯汀、E.B. 怀特的书信集，都成了西方文学的名著。为什么没有电子邮件集出版呢？这不仅仅是因为电子邮件写得快且随意，我们也很少留意自己收到的邮件。自从电子邮件代替了传统的私人信件，一个主要的文学流派就奄奄一息了。

——耶鲁大学计算机科学家戴维·盖勒特说，互联网造成了书面文字的贬值。

我不认为文学、优秀的文学会害怕技术带来的后果。我的看法恰恰相反：技术越发达，越会有人对人脑在没有电子技术帮助下创造的东西产生兴趣。技术进步永远不会毁灭文学，正如不能消灭宗教那样。

—— 美国作家辛格的看法。

我怀疑是否有人真的读过黑格尔的《逻辑学》，但这无关紧要。法国人皮耶·巴亚德写过一本《如何谈论你没读过的书》，这不只是讽刺。他真的认为关于某个作者最好的著作是没读完这本书的人写的。他说你应该集中于它的一个特征，让它来为你的整个研究进路上色。

—— 哲学家齐泽克说。

激励人们了解自身的状况，为他们提供思想上的灵感，并鼓励他们追求自身真正的兴趣。

——《头版：前〈纽约时报〉内部解密与新闻业的未来》一书认为，以上是一个好的媒体品牌应该做到的。

亚马逊力图以消费者为中心，《华盛顿邮报》则以读者为中心。我认为你们一定会对此感到困惑，因为你们以广告商为中心。广告主希望得到的是读者。所以你们应该简单点，专注于读者。如果你们能专注于读者，广告商就会不请自来。

——亚马逊首席执行官杰夫·贝索斯在意大利都灵出席"未来报纸大会"，向与会的新闻从业者传授亚马逊经营《华盛顿邮报》的经验。

我们喜欢倒几杯鸡尾酒，外加一两样开胃菜，用留声机放一些舒缓音乐，邀请一位认识的女性谈论毕加索、尼采、爵士乐以及性。

——《花花公子》创始人休·赫夫纳去世。在《花花公子》创刊号社论中，休·赫夫纳这样写道。

亚马逊新版电子书阅读器浸入两米深的清水后仍可使用。现在有了能应付浴室和沙滩的"口袋里的书店"，书虫们还会忠实于他们潮湿的平装书吗？

——《经济学人》纪念 Kindle 问世 10 周年。

爱默生说，哈佛大学传授各种分支的知识。梭罗回答说："是的，所有分支，但不教任何根基。"

——哈佛大学校刊说，梭罗 16 岁入读哈佛，离校时已经能读古希腊文、拉丁文、意大利语、德语和法语著作，不能把他对哈佛大学的抗议太当回事，哈佛大学深刻地影响了他。

一些教育学家更进一步，认为知识妨碍了创造力和批判性思维等能力的发展。但实际情况恰恰相反，一个装满知识的头脑才能促进这些能力的发展。莎士比亚从小接受的是拉丁语短语和语法规则训练，但却写出了几部像样的戏剧。

——《经济学人》文章谈学习的未来。

在接下来的一年一年，我希望你被不公平对待过，这样你们才能认识到公正的价值，我希望你遭受背叛，唯有如此你们才能领悟到忠诚的重要。我会祝福你们时常感到孤独，这样你们才不会把良师益友视为理所当然。我祝福你人生旅途中时常运气不佳，这样你们才能意识到机遇在人生中的作用，进而明白成功并不是命中注定的，而他人的失败也不是天经地义。

——美国首席大法官约翰·罗伯茨在他儿子初中毕业典礼上的致辞。

20 多年前一位妇女发明指尖陀螺，本想作为一个象征和平的玩具，不想如今火遍美国各类人群，并成为学校师生和管理者之间的争议话题。

—— 埃菲社报道，指尖陀螺在美国校园泛滥成灾，因为其宣扬可以帮助治疗自闭症以及缓解紧张压力、提高注意力，当老师要求没收这种玩具时，学生会反驳说是医生建议他用的。

想要实现创新，获得创造力，就应该把手弄脏。然而，当你使用科技产品或电子设备时却无法获得这种感觉。有创造力的企业接近 80% 都会在办公室里使用白板。有意思的是，几乎所有生产数字化硬件和软件的高科技公司，都会将白板作为刺激创造力和加强合作的主要方式。

——美国北卡罗来纳大学教授阿文德·马尔霍特拉说，触觉感知往往可以刺激大脑中与创造力有关的部分。

俄罗斯年轻人热衷于极限自拍,图为俄罗斯小伙子奥列格请朋友给他拍下楼顶一跳的惊险一幕。(图/IC)

如果你认为科学方法是社会的核心价值观之一，那么你必须站出来捍卫科学方法在指导公共争论和决策制定中的核心作用。但是，要具有说服力，我们的科学家必须先正己，避免可能为后真理修辞煽风点火的行为。道德沦丧给了科学的敌人崛起的机会。当发表的发现是基于造假的数据或有意误导的结论，那么所有科学家的信誉都会受到损失。

—— 2017 年 4 月 22 日，数千名科研人员举行"为了科学的游行"，高举写着"普鲁伊特加特朗普等于糟糕的化学反应"的标牌。普鲁伊特是质疑全球变暖的美国环保局局长。英国科学家斯蒂芬·马林等人撰文，解释为何举行游行。

只要耐心，一个孩子总是能看到数学的美的。

—— 伊朗数学家、2014 年菲尔兹奖得主玛丽亚姆·米尔扎哈尼因乳腺癌去世，享年 40 岁。

世界上任何地方的任何人都应该不仅仅能够自由地获取我的研究，更应该不受阻碍地访问人类理解范围内每一项富有钻研精神的伟大成果。

——物理学家霍金首次免费公开博士论文。

就像两个鸡蛋碰撞，蛋清和蛋黄会掉出来，掉出来的同时会发生一些物理过程，这会产生大量的金元素。

—— 2017 年 10 月 16 日 22 时，国际天文界宣布一次新的科学进展：首次直接探测到双中子星并合引力波及其伴随的电磁信号。中国科学院国家天文台、西澳大学国际射电天文研究中心在读博士刘博洋用通俗的语言解释了这一现象。

科学思维最大的敌人是聊天,正所谓群居终日,言不及义。

—— 美国古生物学家格雷戈里·保罗说。

大熊猫全身大部分(面部、颈部、腹部、臀部)是白色,有利于它在多雪的栖息地隐藏自己。它的四肢是黑色的,有利于藏进阴影中。

—— 美国加利福尼亚大学戴维斯分校的学者在一份报告中研究了大熊猫的体色问题。

猫没有狗聪明,猫的神经细胞数量比狗少,是因为猫不像狗那样爱交际。你也可以说猫比狗聪明,因为猫吃着猫粮,却不必做任何事作为回报。这有什么愚蠢的呢?

—— 猫科动物行为学家西莉亚·哈登说。

跑步的时候,脚以重力大约七倍的力量撞击地面。这种冲击力被传递到鞋结上,使其伸展和放松。随着鞋结松开,摆动的腿在鞋带的自由端上施加了惯性力,很快你的鞋带就会摆动,看起来就好像是煮过头了的意大利面条。

——加利福尼亚大学伯克利分校的研究人员解开了我们生活中的一个谜团:为什么鞋带会自己松开?

许多法国人毫不犹豫地闯红灯,而日本人却很少这么做。不过法日两国涉及行人的交通事故数量差别不是很大。这也许是因为法国司机知道他们需要更加当心,行人有可能会做出无法预测的行动。日本行人的危险行为较少,所以司机的准备也不足。

——法国斯特拉斯堡大学生物学家塞德里克·叙厄尔说。

那就是我喜欢它们（苍蝇）的原因。它们无所不能，又无处不在。很吵，而且酷爱交配。

—— 著有《苍蝇的秘密生活》（*The Secret Life of Flies*）的伦敦自然历史博物馆双翅目昆虫策展人埃丽卡·麦卡利斯特的工作围绕苍蝇展开，她这样表示。

那么能显著降低自闭症类群发生概率的一系列编辑又如何呢？这是否意味着以危险的方式降低人类的多样性？因为这也许会彻底抹杀掉一位未来的阿兰·图灵出现的可能性。

—— 比尔·盖茨阅读《基因传》时，联想到一连串伦理问题，如上。有人根据图灵的几本传记推测，他可能患有自闭症。

第 27 届搞笑诺贝尔奖的得奖者包括用流体动力学研究猫到底是固态还是液态的科学家、试图弄清为什么有人觉得奶酪恶心的学者，以及发现很多同卵双胞胎无法在视觉图像中分辨出自己和对方的心理学家。

—— 美联社的报道说。

我永远都是一个乐观主义者——我知道当我涂保湿霜的时候，它可能一点用也没有，但它能让我感觉更好一些。

—— 化妆品代言人、演员海伦·米兰说。英国皮肤科学会的专家思维塔·瑞反驳说，使用保湿霜对皮肤绝对有好处。油性肤质要用含有更多水分的化妆水，干性肤质要用含有更多油质的产品。

英国摄影师迈克尔·休斯拍了关于旅游纪念品的系列照片。他总是在各地的地标建筑前举起自己买到的纪念品，用错位的拍摄手法拍下有趣的照片。图为意大利比萨，女孩舔着比萨斜塔形状的棒棒糖。（图 /Michael Hughes）

1893 年圣诞节的前夕。英国首都伦敦，大雾弥天，繁华古老的街道上看不出半点节日的热闹气氛，冷清得有点像坟地。强劲的冷风在街头巷尾横冲直撞，卷起地上的落叶和纸片碎屑，抛向黯淡的天空，街道两旁人行道上孤零零的煤气灯，冻得瑟瑟发抖，在迷雾中跳动着昏暗的光环。入夜，天气更显得晦暗可怖……

——写于三十多年前的小说《凶手》里关于"雾都"伦敦空气质量堪忧的描述。美剧《王冠》则以一整集讲述当年的伦敦烟雾事件。如今的伦敦治霾成功，值得其他城市效仿。

北极熊坐在没有雪的岸边，似乎陷入了思考。

——摄影师佩蒂·维迈尔前往阿拉斯加的巴特岛，想拍到白雪皑皑中的北极熊。但那儿竟然没有雪，在沙子和泥土混杂环境中，北极熊显得很苦闷。

在北极发生的事情并不会止步于北极。

——美国康奈尔大学地球与大气科学教授查尔斯·格林强调，全球变暖导致的北极冰雪融化，会引发类似"哈维"飓风的灾害。

地球的生物多样性所遭受的威胁，比原先估计的还严重。而避免大规模生物灭绝的机会之窗，大约就在这二三十年间。

——《美国国家科学院院刊》2017 年 7 月发布的一篇报告警告，人类活动正加速物种毁灭。人们必须尽快采取行动，以避免环境变得更糟。

全球海洋中漂浮着 26.9 万吨塑料,相当于 1392 架飞机、192143 辆汽车、18 座埃菲尔铁塔的重量,每年因为塑料垃圾而死的海洋生物超过 1500 万。

—— 每年有 800 万吨塑料垃圾被倾倒到海洋中。这组关于海洋污染的数据令人警醒。

日全食让本公司损失了 10% 的收视率。月亮,你会演。

——2017 年 8 月 21 日,美国迎来了百年一遇的"日全食"奇观。次日,网飞(Netflix)的官方推特开玩笑称,月亮成了收视率下跌的"幕后黑手"。

人类灭绝之后,下一任地球主宰会不会找到我们的 DNA,造出一个人类版的侏罗纪公园?

—— 一个有点惊悚的未来畅想。

我们是探险者和思想者,我们积极地提升人类,但首先我们需要想象力,想象我们未来将如何生活,在我们的脑海里看到如何缓解今天的问题并更好地想象所有人的未来。我不相信传统文化将会消失,我认为我们的艺术和音乐是面向人类的,对外来物种毫无意义。

—— 斯蒂芬·霍金谈未来。

比起凡伯伦时代的炫耀性消费,如今的非炫耀性消费是一种更加"险恶"的身份开支。无论是母乳喂养还是教育投入,非炫耀性消费都是为了提升生活质量,改进下一代的社会流动性,而炫耀性消费本身就是终点——只能徒有其表。

—— 英国广播公司网站的报道说,收入最高的 1% 人群现在把最大比例的支出投入非炫耀性消费。

在奢侈品店，围巾、衣服、首饰不应该被束之高阁。距离感太强未必是好事，事实证明，触之可及的商品更易被带走。这也说明了，为什么很少有人网购昂贵物品，因为缺乏情感联系。可以摸到的东西，给人以归属感。

——德国在线的报道谈奢侈品行业的营销策略。

我从来不相信什么懒洋洋的自由，我向往的自由是通过勤奋和努力实现的更广阔的人生，那样的自由才是珍贵的、有价值的；我相信一万小时定律，我从来不相信天上掉馅饼的灵感和坐等的成就。做一个自由又自律的人，靠势必实现的决心认真地活着。

——日本时装设计师山本耀司说。

忘掉千年粉红吧，现在流行的是 Z 一代黄，一种"毛茛、阳光和柠檬的混合色"。这种深受《怪奇物语》女演员米莉·博比·布朗这样的 Z 一代名人喜爱的颜色显然代表了这一代人的乐观主义和性别中立。

——《每日电讯报》评选的 2018 年热门趋势。

紫色能传达创意、巧思和前瞻性思维。宇宙中有这种色彩（想想那些旋转的紫色星云），养生运动中有这种颜色（紫水晶），它还是建筑师弗兰克·劳埃德·赖特最为喜爱的颜色。它还是最为复杂的一种色调，因为它需要两种看起来截然相反的颜色——蓝色和红色——混在一起，才能创造出新的色彩。

——国际权威色彩机构潘通（Pantone）发布了 2018 年度色彩——紫外光（Ultra Violet）。潘通色彩研究所执行总监莱亚特丽斯·艾斯曼这样表示。

弹子机在日本已有百年历史。如今,弹子游戏厅成为老人排遣寂寞的好去处。(图 /Pascal Meunier)

苹果与奢侈品公司之间有很多相似的地方,例如消费者购买的不仅是技术和功能,还有品牌背后的理念。

——汇丰银行在一份分析报告中指出,苹果已经不只是一家科技公司,还是一只颇具潜力的奢侈品股票。也有人认为,苹果算不上奢侈品牌,顶多算轻奢。

有了人脸识别系统,警察把手机对准犯罪嫌疑人的脸就能解锁手机了。然而苹果公司称,要阻止警察或他人解锁你的手机,只要将目光移向他处或闭上眼睛就可以了。另外,只要连按五下右侧的功能键,就可以取消人脸识别功能。

——法国《快报》谈苹果手机的人脸识别。

兰登小心翼翼地把基奇的手指放在指纹识别器上,手机发出响动,解锁成功。

——《达·芬奇密码》作者丹·布朗在新书《起源》中犯了一些常识错误,比如用死人的手指解锁 iPhone。实际上,解锁需要通过皮肤中传导的电流来完成。

苹果手机不但防泼溅、防水、防尘,还防历史。

——《纽约时报》技术作家列弗·格劳斯曼在评论《iPhone 秘史》一书时说。

没有理由就给手机升级换代,我们会感到罪恶。但如果你现在的手机坏掉了或者不好用了,我们就有理由换手机,而且看起来不浪费。

—— 一旦有新款手机面世,你的手机就"适时"出现各种毛病,催促你更新换代,这被称为"升级效应"。哥伦比亚商学院教授西尔维娅·贝莱扎这样表示。

我的核桃已经等不及了!

—— 传说中的"砸核桃神器"诺基亚 3310 重新发售前,它的铁粉们这样表示。这款最初发布于 2000 年的手机,是史上最畅销的移动电话之一,销量达 1.26 亿部。

使用头脑中的知识能促进大脑本身的发展,而使用互联网上的知识却不能。你每从记忆中搜索一次信息,下次就更容易找到它。

—— 弗吉尼亚大学心理学教授丹尼尔·威林厄姆说,谷歌可以取代你的记忆这一想法大错特错。

ACC 格式效率更高,功能更好,应成为下一代音乐存储主流格式。

—— 发明 MP3 格式的德国研究机构夫琅和费集成电路研究所宣布终止某些 MP3 相关专利许可,这意味着 MP3 这种音乐存储格式将退出历史舞台。对此,该研究所主管称。

人们对强制让他们保持联系的生活方式已经有了很深的体会。

—— "数码戒毒"(Digital Detox)网站的主页上这样写着。鉴于手机和各种电子设备已经侵占我们的个人空间,"数码戒毒"应运而生。文华东方酒店集团(The Mandarin Oriental)提供一种"数码戒毒"套餐,顾客须交出手机,享受阅读、冥想的乐趣。不过该服务一个小时要两百美元。

所有的品牌都在试图对话年轻人,模仿年轻人的生活方式,揣摩他们的喜好和品味……但事实是没有任何年轻人愿意被代表,也没有某种特定的风格可以代表年轻人。这种关于年轻人的"假想"本身就挺老土的。

—— 百威淡啤(Bud Light)推出关于"千禧一代生活方式"的广告,嘲讽了市面上的各种针对年轻人的营销。"好奇心日报"作者宣海伦由此评论道。

在未来，我相信会出现一个庞大的新阶级，即无用阶级。这个阶级的人，既没有经济价值，也没有政治话语权，他们做任何事情都比不过计算机和人工智能。

—— 著有《人类简史》《未来简史》的以色列学者尤瓦尔·赫拉利在一次演讲中表达了这个观点。应对措施则是要懂得应变，不断学习。

巴菲特喜欢说投资方面没有所谓好球。好球只会发生在你挥棒却没打中的时候。当你上场击球时，无需集中注意力对付每一个投球，也不需要为没有挥棒击打好球而懊恼。换句话说，没有必要把每只股票或每次投资机会都研究一遍，你买的股票表现不尽如人意时也不要过于自责。

—— 微软创始人比尔·盖茨在《我从巴菲特那里学到了什么》一文中写道。

我认为，拥有科学、数学技巧、经济学基础知识的人，未来的大多数职业都会很需要他们。

—— 比尔·盖茨认为，掌握了这三类基础知识的人将最受未来市场所需。

如果机器人取代人来完成相同工作，机器人应当纳税。

—— 比尔·盖茨称，部分税收来自减少劳动力带来的利润，另外，政府还可以直接开征机器人税。

你是好莱坞电影看多了。

—— 机器人索菲亚被沙特阿拉伯授予国籍，"她"成为第一个获得公民身份的机器人。新闻发布会上，主持人问人工智能会不会威胁人类，"她"如此回答。此前索菲亚跟其开发者戴维·汉森一起接受 CNN 采访时被问及"想不想毁灭人类"，尽管汉森已经提示"请说不"，索菲亚还是回答："好的，我会毁灭人类。"

当地时间 2017 年 4 月 16 日,加拿大纽芬兰,居民围观当季第一块冰山经过南岸。(图 / 视觉中国)

我觉得家庭的概念相当重要。我认为人们拥有相同的情感和人际关系是非常棒的事情，他们把这种关系称为家庭，而且是超出血缘关系的存在。我认为，如果你拥有一个充满爱的家庭是非常幸运的，如果你没有，你应当组建一个。我感觉机器人和人类在家庭关系上存在共同点。

—— 索菲亚还是很有家庭观念的。

我并不担心机器会像人一样思考，但我担心人像机器一样思考。

——苹果公司首席执行官蒂姆·库克对人工智能的看法。

一个纯净、纯粹自我学习的 AlphaGo 是最强的……对于 AlphaGo 的自我进步来讲，人类太多余了。

—— DeepMind 在《自然》杂志上发表论文，正式向世人介绍 AlphaGo 的最新版本——AlphaGo Zero。它和击败柯洁的 AlphaGo（Master）对弈，胜率达 90%。柯洁之前曾这样表示。

虽然意大利男高音波切利的歌声直达托斯卡纳剧院的屋顶，但所有人的目光都在他身边的乐队指挥身上，这是一位对威尔第情有独钟的机器人。

——法新社报道第一届国际机器人艺术节终场演出。

人工智能可能改变国家实力。过去，国家实力 = 人口 × 人均生产力。人工智能时代，国家实力 = 不能被人工智能取代的人口 × 人均生产力。

——孵化器 Y Combinator 创始人保罗·格拉汉姆的看法。

人工智能正缔造一种新的"虚拟劳动力",提高人类智慧的生产率并推动新的创新。另外,与其他生产要素不同,人工智能不会随着时间的流逝而贬值。

——《金融时报》的一篇文章这么认为。

今天,我们买很多中国人在中国制造的东西;明天,我们将买美国制造的东西,但那是中国机器人制造的。

——美国科技专栏作者法赫德·曼琼(Farhad Manjoo)认为,未来机器人市场是属于中国的。

这对整个社会是一个巨大的威胁,不但会让依靠点评信息的用户失望,而且会动摇人类对于真实和虚假的信念,我认为后者更让人担心,

——由芝加哥大学计算机科学教授赵燕斌领衔的研究小组发现,在线点评系统中出现了自动众包攻击——也就是说,人工智能(AI)已经学会自动编写虚假点评了。

如果将来 AI 真的开始监督网上发布的内容,我们在网上说话的时候是不是要更小声了呢?

—— 在日本第 31 届全国人工智能大会上,立命馆大学情报理工学科的三名研究人员发布了一篇如何利用 AI 来识别那些"使用隐喻手法"表现"少儿不宜"内容的论文。有评论对这种 AI 应用的方向表示警惕。

在存在偏见的环境中,我们知道如何做出正确的决定。但令人遗憾的是,机器没有自知之明。

—— 普林斯顿大学计算机博士后研究员艾琳·卡里斯钦说,学习人类语言的人工智能最终可能会像人类那样形成偏见。

越是身患残疾，越是要熟悉最新科技，要开始运用新技术，因为它能弥补我们所缺。

——IBM 的盲人科学家浅川智惠子在做一套认知助手系统，借助计算机画面识别和语音识别，帮助有视力障碍的群体完成与人互动。

我希望电脑干不了这个，除非它们喜欢给小狗换脏纸垫、给予它们爱与呵护。

——因为工厂实行机器自动化，56 岁的谢丽·约翰逊失去了她在印刷厂的工作。她现在打零工，在动物收容所照顾小狗是她报酬最高的工作，时薪 8.65 美元。她这样表示。

自动化的确让事情变得更容易了。工厂更干净，噪声更小，生产效率更高。当机器出现问题时，通过查询数据就可以迅速诊断问题……机器人在操作时不需要光线，所以他们的仓库在能源消耗上比传统仓库减少 35%，同时降低了 80% 的劳动力成本。

——《纽约客》记者施拉哈·科哈特卡尔说，10 年前是机器人帮工人完成任务，现在是工人帮机器人干活。

你应该根本意识不到它（可穿戴设备）的存在。可以想象一下那种在医院注射的植入皮下的设备。此外，它还必须帮你解决眼下比较关心的问题。比如你担心患上糖尿病、中风、痴呆症或者其他病症，可穿戴设备必须能解决这些问题。帮助你提升跑步的能力很不错，但毕竟不是必需功能。

——可穿戴设备之父彭特兰（Alex Pentland）的看法。

智能手机已经死亡，人们只是还没有意识到。

——微软旗下的 HoloLens 及 Kinect 的主要发明人亚历克斯·基普曼认为，HoloLens 这样的 AR 头盔未来将取代手机。

从事广告行业的奥利维亚·穆斯拍下了这张值得玩味的照片,看上去就像画中人对着手机玩自拍。(图/IC)

智能设备随时都在侵入我们的生活,它们就像是屋子里的某个人,而且永远和我们在一起。它是你见过的最不懂社交的朋友,完全不懂得任何礼仪。

—— 在纽约大学主修交互设计的斯凯拉·约翰逊认为,如今的交互设计普遍缺乏人性化的东西。为此,他提出了一些特别的设计,称之为"解压设计"。

阿拉伯联合酋长国计划在 2030 年之前,让这种空中出租无人机达到其全部交通工具的四分之一。

—— 在迪拜试运行的空中出租无人机装有 18 个螺旋桨,可以搭载 2 名乘客。飞行出租车如同直升机垂直升起和降落,迪拜还将为飞行出租车专门建造起降场。

想想维多利亚时期那场著名的社会革命,当时在短短二三十年间,由于汽车的出现,城市街道上突然没有了马粪。也想想你自己所处的街道吧,如果没有那么多巨大、难闻、嘈杂的汽车停在上面,它看起来会有多棒。

——《泰晤士报》记者雨果·里夫金德谈无人驾驶汽车的好处。

谢谢你的反馈! Steam(游戏服务器)上有 7.81 亿款游戏,希望你能找到一款你喜欢的。

——《绝地求生》创意总监布兰登·格林尼回应玩家的指责。

我们总是爱高估我们未来两年能做什么,又总是低估我们未来十年能做什么。

——扎克伯格万字长文阐述脸谱的野心,要打造一个全球化社区,拯救日渐分化的世界。

目标让我们感觉自己是超越自身的某种事物的一部分,感觉自己是被需要的,感觉前方有更好的事物等着我们为之奋斗。目标能创造真正的快乐。

—— 从哈佛大学辍学 13 年之后,马克·扎克伯格终于在 2017 年 5 月 25 日获得学位。他在毕业典礼上发表演讲,阐述了"创建每个人都有目标的世界"计划。

我们目前达到的规模使我们真的值得认真思考一下,我们能做些什么事情让社交媒体成为向善的最积极力量。

—— 随着脸谱的每月活跃用户数突破 20 亿大关,其首席产品官克里斯·考克斯说,该公司希望它的产品能最大限度地发挥对人们有益的功能。

如果你没有偶像,埃隆·马斯克就是你的首选。

—— 英国《每日电讯报》文章中写道。从早期的 X.com 到贝宝(PayPal),再到特斯拉、太空探索技术公司(SpaceX)、太阳城公司(SolarCity)、Boring Company,马斯克的人生一直很传奇。

你的脑袋里有一堆想法,接着你的大脑不得不设法将其压缩成低到难以置信的数据速率,叫作说话或打字。如果你有两个大脑界面,实际上就可以与别人进行无压缩的直接概念交流。

——埃隆·马斯克透露,他的 Neuralink 公司正在研究"脑机对接",将人脑与微米级的电脑界面连接。

当你开始在这儿工作时,你就把脑袋放空,你不过就是一个僵尸。

—— 亚马逊被指逼迫员工卖力工作。像圣诞季,员工一天要步行多达 14 英里,只要没能按照要求迅速分拣货品,或者上厕所时间太久(有偷懒之嫌),就将面临惩罚。有亚马逊员工抱怨工作让自己变成了"僵尸"。

工会认为,员工的待遇和他们的工作强度不成正比。

——2017 年的"黑色星期五",亚马逊意大利公司物流中心近 4000 名员工举行 24 小时大罢工。

失业具有传染性,一个人失去工作,也就失去了收入。他用在公用事业、日用杂货等方面的钱就减少,提供这些商品和服务的公司收入下降,迫使公司解雇一些人。下一个失业的人很可能在同一个地区。就像疾病一样,失业的蔓延方式也有地理上的接近性。

——美国经济学家帕夫林娜·切里韦纳说。

测试显示,科技公司的估值有沫但没泡(frothy but not bubbling)。

——《经济学人》说,科技公司的情况虽然尚未失控,但确有虚浮之相,不少私有科技公司估值过高(在 10 亿至 100 亿美元之间)。在全球,这些公司的总值达 3500 亿美元。

一百年前,工厂工人成立工会并举行罢工,要求改善工作条件和限制工作时间。如今,硅谷的员工却颂扬自己遭受的剥削。一款流行 T 恤上写着"朝九晚五属于无能者"……真相是,这些创业者和他们的员工付出的额外努力中,很多是没有意义的。根据斯坦福大学经济学家约翰·彭卡韦尔在 2014 年发布的一份报告,一周工作超过 56 个小时几乎不会带来生产率的增加。

——美国科技记者丹·里昂斯在《破裂:创业泡沫历险记》中写道。

创业过程中有什么问题,就去问隔壁桌的创业者吧。

——由法国 IT 富豪泽维尔·尼尔投资的创业区 Station F(F 站)即将开业。和一般的创业孵化器不同,F 站不设创业导师。

俄罗斯摄影师 Marat Ca 拍摄的自己跟女儿的呆萌照片。（图 / Marat Ca）

我对成功的定义就是做你热爱的事情。我感觉很多人做事是因为觉得自己不得不做,对冒险追随自己的激情犹豫不决。

——美国家喻户晓的滑板巨星、企业家托尼·霍克出席北欧商业论坛时讲述自己对成功的定义。

对不起,我是个变态……我意识到,我才是问题所在。我并没有想象中的善良和阳光。我必须重新审视镜子里的那个陌生人。

——硅谷明星孵化器 500 Startups 创始人戴夫·麦克露尔在面试中给一位女性应聘者发了一条露骨的消息:"我不知道该雇佣你还是爱上你。"为此,他公开道歉并辞职。

从这个角度看,或许可以说科技就是下一门生物学。

——有研究者说,人类热衷于制造身外之物,其种类多样性甚至可能超过地球自诞生以来的所有生物。且人造物以极快的方式进行演化,比生物学进化论快多了。美国杜克大学地质学家彼得·哈夫这样认为。

你知道,黄金之所以具备流通价值,是因为人类根本无法轻易地得到黄金,因此黄金才显得稀有。相信我,人类完全有能力创造出更多的比特币——尽管他们会告诉你由于种种限制无法这么做。千万不要相信这些鬼话,当好处足够多的时候,坏事就会发生。

——有不少人认为比特币就是数字时代的黄金,对此,沃伦·巴菲特的老搭档、伯克希尔·哈撒韦公司副董事长查理·芒格有不同看法。

只有杀人犯、毒贩才应当投资它。

——摩根大通首席执行官戴蒙称比特币是骗局。

如果最初的规划做得不好，城市建设得越快，未来失败的概率就可能越大。

——世界银行首席经济学家保罗·罗默的看法。

人们宣扬大城市的末路已经有一段时间了。现在这种情况还没有发生。每当一个 32 岁的人抱怨伦敦已经不适合生活而选择离开时，相应地，总有大约 1.1 个新来的人在争抢空出来的房间。但本土出生的美国人正在离开大城市，"搬到人口在 50 万到 100 万之间的小城市"。

——《金融时报》专栏作家西蒙·库柏说。

一旦你驻足观看安迪·沃霍尔的作品，就会从中发现最有趣的一点：真实的、脆弱的人类仍然在运用自己潜藏的压迫感和对观者无声的恳求不屈不挠地寻求着关注。

——英国作家奥利维娅·莱恩在《孤独的城市》一书中写道。

在美国主要城市，60% ~ 70% 的面积都铺设成了汽车道路，这是一种耻辱，城市应该围绕人类而建设，人和人的沟通应该成为城市的主要功能，城市不应该基于"人人拥有私家车"而建设。

——美国第二大打车应用 Lyft 联合创始人兼总裁约翰·齐莫说。Lyft 可能会模仿音乐流媒体 Spotify、视频网站网飞（Netflix）的做法，推出包月制的出行服务，届时买私家车的行为将过时。

美国人搬家比以往更少，穿越州界的频次是 1948 至 1971 年间平均频次的一半。他们持续做一份工作的时间更长了。美国的创业精神也陷入了困境。

——美国经济学家泰勒·考恩在《自满阶级》一书中说。

曾是伟大的海上霸主和商业中心的威尼斯,的确面临着被一日游观光客征服的危险。如今,当游客的方阵在运河上方的天桥上行进时,拉杆箱的轮子在台阶上滚动跳跃的声音便是这座城市的背景音乐。从那些划着船、运送着忙于自拍的情侣的船夫口中,你仍能听到零星的威尼斯方言。但通用语是一种外国语大杂烩,其中包括英语、中文,以及巨型游轮和廉价渡船那天早上运送的游客说的任何语言。

——《纽约时报》文章说,威尼斯被"低质量旅游"淹没。

我们需要那些真正会在城市里花钱的游客。我们更想要那些待更长时间、拜访博物馆、在餐厅里消费奢华晚宴的游客,而不要那些周末来吃便宜的三明治、在红灯区闲逛的人。

——2016 年有 1700 万人拜访阿姆斯特丹,该城的 85 万居民为此忧心忡忡,担心自己的城市演变为旅游城市。该市议会拟向游客征税,议员乌多·科克这样表示。

我的朋友住在比利时的酒店里。他们给她提供了出租一条金鱼过夜的服务,以免她太孤单。

——音乐人米切尔·库克在推特晒出朋友的经历,获得不少共鸣。这家酒店租一条金鱼一晚的价格是 3.5 欧元。

看的地方越多,我越不相信旅行的教育意义。旅行值得去是因为它有趣。旅行是为了感官,而不是为了品格。我认识的旅行次数最多的人并不比其他人更深刻、更聪明。他们往往会低估在家中发生的性格养成——分手、丧亲之痛、犯错。把培养品格当作旅行的借口,就如同把滥交冒充为一个证明所有陌生人是一体的人类学研究项目。

——《金融时报》专栏作家嘉南·加内什说。

2017 年 7 月 31 日,温哥华岛帕克斯维尔海边,一位父亲用沙子给女儿做了个金字塔。(图 / 阿灿)

没有正常人会在十一月的时候来赫尔辛基,除了炫酷的你。欢迎。

——芬兰首都赫尔辛基机场外面的标语。

我的人生这么失败,应该成为展品。

——瑞典出现了一家失败博物馆,专门展出历史上各大公司推出的失败产品。微信公号作者黄逸鹏撰文介绍该馆时如此写道。

跟种族主义者和性别歧视者一样,年龄歧视者根据他们感知到的差别排斥他人。但是年龄歧视很独特,因为它针对的是年龄歧视者将成为其中的一员的一个群体。因此年龄歧视者侮辱的是未来的自己。

——《纽约客》文章谈年龄歧视。

英国诗人雪莱说过,诗歌是这个世界未被公开承认的立法者。现在,这一身份落到了科技公司的身上,而且是更加未被承认,因为它们本身就希望不被承认。

——《每日电讯报》记者劳伦斯·多兹说,社交媒体是一个会让人上瘾的机器。

初次见面,请允许我 follow 你。

—— 在推特上,很多日本网友在 follow 对方前会留下这么一句话。日本人独特的 SNS 社交文化引发讨论,反对者认为,这属于过度礼仪。

啥? 不是说打开社交网站都是满满正能量——得奖、升职、婚礼、国际旅游——导致用户因自卑而抑郁吗? 应该出个"比惨插件",只保留失业了、被绿了、又胖了二十斤,看到朋友们都这么惨,顿时觉得又有了活下去的动力!

——谷歌浏览器推出扩展应用"Sadblock",即"悲伤屏蔽",能够屏蔽令人悲伤、冒火(甚至仅仅是烦人)的社交媒体动态。有人这样评论道。

永远记住,你看到的那些照片都经过了精心筛选、滤镜、找角度、补光,以便让人显得尽可能漂亮。不要让别人完美的自拍照影响你的自信——大多数人实际看上去并不是在 Instagram 上那样。

——28 岁的健身达人马达林·弗罗德舍姆是拥有 29 万粉丝的"网红"。她晒出自己未编辑过的"瑕疵照",以此鼓励大家热爱真实的自己。

我觉得,中国人完全用文身创造了一种语言,这非常酷。

——美国《读者文摘》网站上的一则笑话。许多外国人用汉字文身,以至于有人以为汉字全是文身。

我总是对玛丽昂说:"给活着的人送花好过在墓前献玫瑰。"

——英国人斯图尔特·麦克威廉与妻子玛丽昂相濡以沫地度过了 47 年的美好时光。玛丽昂在患阿尔茨海默病 10 年后去世,斯图尔特决定每天都送一枝玫瑰花给街上遇到的陌生人,鼓励他们积极生活。

公开接吻是恐怖主义。

——日本民间组织"剩男大联盟"(Kakuhido)的成员在情人节当天在东京涩谷区举行抗议活动,并打出"粉碎爱人资本主义"的口号。他们认为情人节是一个商业阴谋。

新郎的老婆，只有新郎本人才可以看到……在其他人眼里，新郎只是一个人穿着很正式的燕尾服，头戴 VR 设备，面对一团空气，傻戳戳地站在教堂里。

——品玩网（PingWest）作者贾大方评论在日本举行的"二次元 VR 婚礼"，认为"整个婚礼在外人看来都很诡异"，理由如上。

丈夫不在家中盖厕所等同于一种折磨。

——因为婚后 5 年家里仍没有厕所，印度一名女子申请与丈夫离婚。法官同意她的离婚请求，并这样表示。在印度，仅允许在少数几种情况下离婚——比如存在折磨或暴力问题。

厕所里没有卫生纸了。

——加州大学伯克利分校社会学者林赛·T. 格拉汉姆主持的一项调查显示，以上是排第一位的情侣分手理由。其他分手理由有：堆积如山的脏盘子、乱糟糟的床、溢出的洗衣篮等。

如果你是为了追求自我实现而结婚，那么你会经常感到沮丧，因为婚姻，特别是育儿，会不断地拖着你远离自我目标。

——《纽约时报》专栏作家戴维·布鲁克斯说，马斯洛的需求层次理论很容易转化为过度自我中心。现在是时候丢弃它了。

你可以让经历毁掉你，也可以让它塑造你。我选择让经历塑造我。

——采矿工程师图里亚·皮特来自澳大利亚，2011 年遭遇一场大火，全身 65% 的皮肤严重烧伤。但是皮特的未婚夫对她不离不弃，皮特也没有因此消沉，而是积极面对美好的生活。

非虚构作家盖伊·特立斯的《被仰望的与被遗忘的》在 2017 年出了简体字版。书中《大桥》一文讲述建设纽约韦拉扎诺大桥给当地居民生活带来的影响,以及流动修桥工的生活。(图 /Bruce Davidson)

从此并没有变得更容易。她的病很严重。但我们的爱情很坚固。

——《爱情、祈祷和恋爱》的作者伊丽莎白·吉尔伯特宣布,她跟她的女友举办了非正式的婚礼。

在他成长过程中也许父母不住在同一屋檐下,但等他长大会看到父母双方都为他树立了尊重、善良、同理心、同情、坚毅、变通甚至牺牲方面的榜样,他会明白,爱可断,但不会破碎。

——维多利亚·鲍德温在儿子布鲁斯四岁时与丈夫离婚,但离婚后一直坚持每年带孩子与前夫拍全家福,以让孩子明白在离婚的家庭里,亲情也不会减少。

夫妻中一人先于另一人离世是无法避免的,这个话题或许有点让人忌讳。没有人喜欢谈论这件事,但它总会发生。

——眼看着祖父在祖母去世后孤独地承受失去爱人的痛苦,瑞典摄影师埃里克斯·西曼德有感而发。

你会看到生命、孩子、爱、家庭。迷人光芒背后的才是真正生活,这一点,年轻人千万要记得。

——《时尚》(Vogue)意大利版主编弗兰卡·索扎尼(Franca Sozzani)评价儿子为她拍摄的纪录片。

世界会是一个危险的地方。因此要找时间去外面玩。长大后你会很忙,所以我们希望你花时间闻闻所有的鲜花,把你想要的树叶都放到你的篮子里……童年是神奇的。人的一生中只有一个童年。不要为了未来太过担心。我们会为你和所有的孩子创造一个更好的世界。

——扎克伯格喜迎二女儿"八月"的出生,给她写了一封公开信。

无论你与母亲志同道合,还是天渊之别,这周请向母亲表露心迹。无论你们看法一致,还是有些意见相左,请看着母亲告诉她,她有多特别。

—— 母亲节来临之际,作家杰茜卡·沃斯滕霍姆给有母亲陪伴左右的朋友提出如上建议。她罹患癌症的母亲刚刚去世。

无论你穿 6 号、16 号还是这些尺寸上下或之间的衣服,我们相信你是与众不同的,而与众不同在万事万物大同小异的世界里如此美丽。

—— 澳大利亚模特乔治娅·吉布斯在社交媒体上发布了与好友凯特·瓦斯利的合照,由于吉布斯身材苗条,瓦斯利身材丰满,招致网友抨击吉布斯故意在合照中凸显自己身材。这对好友共同发声,表示审美并不以胖瘦和衣服尺寸为标准。

我观察了处于日本公司文化核心的上班族们,我能听见他们内心的呐喊。日本的工作氛围往往成为问题,我认为有很多人承受着巨大压力。

—— 日本三丽鸥公司推出动画片《爆发吧,烈子》里面的卡通形象"烈子"代表饱受职场压力的白领女性,其设计者这样描述自己的设计初衷。三丽鸥公司主打的卡通形象是 Hello Kitty,多年来一直被推崇为可爱的象征,也反映了日本要求女性时刻保持可爱的社会文化。

我希望未来的做男人体验是真的要能让人们不觉得男人必须要强大、沉默。不过我想其实就是要拓宽男人定义的范畴。

—— 美国吉列剃刀公司拍摄了一段宣传视频,视频中采访了六位来自不同社会阶层、不同肤色和不同性格的男士。他们通过自己对"男人"这个概念的诠释,表达了现代社会里男性角色面临的性别压力。乔米奇·鲁克是受访人之一,他希望未来可以对男性的定义更加宽容。

学生可以从"男性""女性""性别不一致""性别不确定""跨性别"以及"其他"这 6 个选项中选择自己的性别认同。

——普林斯顿大学决定允许学生从 6 种性别选项中选择自己喜欢的性别,目前美国已有将近 50 所大学允许学生选择自己的性别。

我们都喜欢抱怨生活节奏的加快,但这么做多数都是为了炫耀——快节奏的生活表明你很忙碌、很重要、很有价值。每当面临快与慢的选择时,我们都会选择更快的节奏——尽管我们总会保留发牢骚的权利。

——英国广播公司网站文章说,不断加快的工作节奏其实也可以带来一些好处。

这些年来,在我桌子上一直放着一句对我有用的话。大多数情况下是这样的:"如果你要吞下一只蛤蟆,最好不要盯着它看太久。"

——《纽约时报》读者梅格·格林谈如何对抗拖延症。

走路跟体育运动或有组织的比赛或其他需要全套难看的氨纶面料运动服等可恶的运动不同,是生活中更为高雅的追求之一,是伟大的智者和深邃的思想家都喜欢的消遣方式。狄更斯经常在午后或晚上走上 20 英里(或者说 4 万步),令人钦佩。

——《金融时报》时尚编辑乔·埃利森谈计步器的使用。

印度尼西亚人是世界上最懒的人,他们平均每天只走 3513 步。

——斯坦福大学研究人员分析了 111 个国家和地区的 71.7 万名居民的手机步数统计信息,发现全球人均步数是每天 4961 步。香港人最勤奋,他们平均每天走 6880 步,排世界第一。

意大利摄影师 Gabriele Galimberti 和 Edoardo Dilelle 走进女孩们的房间,拍了一组题为"镜与窗"(Mirrors and Windows)的照片。图为 27 岁的巴黎姑娘苏珊娜的房间,男友自然是这个房间的标配之一。(图 /Gabriele Galimberti & Edoardo Dilelle)

现在我们有成千上万的合法场合可以尽情跳舞了。

——颁布于 1926 年的纽约"禁舞令"规定,未获许可证,任何人不得随意在酒吧或餐厅进行歌舞表演。律师安德鲁·穆赫莫尔向纽约市提起诉讼,并使得此禁令在 2017 年被废除。

不吃你的曾祖母不认识的食物;不吃含五种以上成分的食品;不吃把糖列在成分表前几位的食品;只吃会"腐败"的食物;一条腿(蘑菇和植物)好于两条腿(禽类),两条腿好于四条腿(牛、猪等哺乳动物)。

——美国饮食作家迈克尔·波伦在《吃的法则》一书中的建议。

我们总是从负面角度讨论食物:这个不该吃,那个吃了会后悔,这个是邪恶危险的诱惑,那个不健康。这种做法的隐患比放纵自己饕餮任何"不好的食品"还要糟糕。我们在为食物而苦恼的同时,也把本应充满安慰和欢乐的时刻变成恐惧与焦虑的源泉。

——印第安纳大学医学院教授阿隆·卡罗尔在《坏食物圣经:如何、为何要有罪地吃》一书中说。

面对危险,人类最自然的反应却是什么也不做。我们因恐惧而发呆时,大脑实际上是主动在踩刹车,将人固定在现场。这种相同的反应机制也存在于动物界,从老鼠到兔子,这是制止捕食者确定我们位置的最后一招。但是,在灾难中,避免出现这种我们在大草原上待上几天后会产生的宿醉却是决定能否生还的关键。

——英国广播公司网站文章《如何在天灾人祸中幸存下来》中说。

露露的故事让许多曾对办公室心生厌倦的美国人感同身受：她接受了苛严训练只是为了一个日常的枯燥差事，而她最终决定，嗅出炸弹并非她的使命。

——《纽约时报》报道，一只名叫露露的狗在中央情报局接受训练几周后，因为对侦测爆炸性气体不感兴趣而被开除。

50 年前，自动提款机（ATM）问世，它确实无处不在，但它的价值被低估了。跟发育迟缓的孩子一样，它静静地伫立在我们的商业街上，受尽误解，似乎除了吐钞票之外毫无用处。然而，ATM 绝非蠢笨：它有逾 1.1 万个工作部件，与智能软件系统相连，堪称来自英国的最复杂发明之一。试图通过破坏机器从现代 ATM 机中盗取现金简直就是浪费时间：在窃贼得手前，钞票就已在存放的塑料箱中与胶水或酸融为一体。

——ATM 发明人之子詹姆斯·谢泼德 – 巴伦说。

我们出售奇迹。我不在乎年龄的增长，也不在乎科技的进步，人们总是会对别人飞来飞去、做勇敢的事情着迷。

——2017 年 5 月 21 日，有 146 年历史的玲玲马戏团在进行最后一场表演后解散。该团最后一位领班乔纳森·李·艾弗森对马戏表演仍然抱有信心。

所有航班都延误，只有俄航一家敢降落。

——2017 年 7 月 14 日，北京的一场大暴雨，让各种关于俄航的段子诸如"飞行员个个是开战斗机的"，再度广而传之。

海拔 2100 米处的气压会延长人们的反应时间,这对那些喜欢在飞行过程中玩电脑游戏的人来说是个坏消息。

——英国广播公司网站文章《坐飞机如何严重扰乱你的心智》的观点。

虽然我一开始并没有打算为儿童创造帕丁顿,但陪伴孩子长大的经典人物,性格是永远不会变的,就像大力水手永远都吃菠菜,帕丁顿也将永远只爱橘子果酱。

——2017 年 6 月 28 日,帕丁顿熊的创作者迈克·邦德因病逝世。帕丁顿喜欢吃橘子酱三明治,2007 年,某个啤酒酵母广告假借帕丁顿之口说"改吃这个也不赖",无数粉丝群起抗议。

2017 年 11 月 20 日,上海"维多利亚的秘密"内衣秀终场,模特们集体谢幕。(图 / 视觉中国)

娱乐·体育

（国内）

一个人时孤独，一群人时我们还是孤独……还有一个是冷漠，没有人想看到别人，也不希望被别人看到，不伸手不去看比较好……我们不应该躲在一张面具后面，久了我们会变成另一种人，这种人叫疯子。

——金士杰

（拍戏的时候）手破了，摔伤了，冬天在水里头，夏天穿着大皮袄，你就是干这个的，你的职业就是这个，现在还把它当成敬业了，演员就应该吃这样的苦。

——演员陈道明在接受央视采访时，表达了一名演员应该具备的职业操守：认真工作，全心创作。

我们有配音演员，也有配脸演员；我们有表演艺术家，还有表脸艺术家。

——中南影业首席执行官刘春的一条微博。在 IP 烂街、抠像成风、替身遍野的语境中，刘春的表述确切而新鲜。

生产价值观的行业，生产过程本身就反映了价值观。

——编剧宋方金谈"影视行业究竟怎么了"，点评怪现状。

欲望无休止，但我们要注意吃相，对于这份工作，我们应有起码的品位与现时代的审美，趋于准确的表达，不要让观众在漆黑的电影院里，因我们的草率无知甚至胡闹而感到羞愧。

——《罗曼蒂克消亡史》导演程耳说。

他们一点信念感都没有，你满意什么？郑爽一直在笑场，你满意什么？刘烨，你懂不懂戏啊？

——在综艺节目《演员的诞生》里，针对郑爽不专业的表现，章子怡与刘烨激烈争吵。

如果明星们不再会演戏，那就让他们去演自己。

——自媒体"娱乐硬糖"作者浮萍在一篇剖析"跑男"地下产业链的文章中暗怼那些流量明星。这些明星正是在真人秀节目中"终于拥有了自己演艺生涯中的最好作品"。

配音工作其实就像给墙面做装修,基础墙面的好坏是非常重要的,如果基础墙面有坑、有裂缝,就算漆再好也无济于事。

——IP 剧存在的演员使用替身、后期抠像及配音等乱象,让季冠霖等"神配音"走到台前。《甄嬛传》中孙俪的角色、《孤芳不自赏》中杨颖的角色、《三生三世十里桃花》中杨幂的角色,均由季冠霖配音。她这样表示。

娱乐圈经纪人开始抢注"低配人设":现在很多娱乐圈经纪人意识到,为明星配备的人设越高,就会跌得越惨;而如果以低配人设出道,做一点好事就会疯狂加分。

——有段子如此调侃明星们"为人设而人设"。

现在影视投资已经纯市场化,它(资本)有一套商业模型来论证这部剧未来的市场和风险度,大明星谁谁谁等于市场多少钱。当他们把这个公式算完,觉得风险远远大于收益的时候,肯定就不投了。

——《人民的名义》导演李路在接受自媒体采访时表示,资本对自己这个戏是不信任的。

都说现在年轻人喜欢玄幻,喜欢小鲜肉,根本不喜欢正经东西。不是这个情况。不是他们不想看,你们什么时候拿过好作品?

——《人民的名义》编剧周梅森认为,创作者最重要的是拿出直击人心的东西,而不能甩锅给年轻人不爱看。

那你就尽量拍得脑残一点。

——编剧汪海林从一个导演那里听来的:该导演给某台拍电视剧,是个小鲜肉组合演的,台里就一个要求——拍得脑残一点。

人设,即人物设定,现被延伸为"标签化的人格"。娱乐明星可以说是时下对人设运用得最为娴熟的群体。(插图 / 李雄飞)

不浪费观众时间,不侮辱观众智商,不透支观众感情。

——某编剧认为,好剧本应该做到以上三个要素。

创作者比欣赏者更容易感动是个挺尴尬的事。台上的泪流满面,台下的无动于衷,就不好办了。可能冷漠凉薄些的人才更能写出真正动人的作品来。就跟平时沉静忧郁的人更可能写出真正的好喜剧来是一个道理。无他,阈值高而已。

——广告人东东枪的体会。

我们观众不再瞎。曾经瞎过,但是现在已经快要好了,越来越不瞎了。

——影评人"桃桃淘电影"说。

在微信聊天里,在朋友圈里,在微博上,在知乎上,在电梯里,在地铁上,到处都能听到有人说:这部电影 / 电视剧好看,赶紧去看。这才是好口碑。

——36 氪作者韩洪刚认为,好质量—好口碑—好卖座的正向循环正在形成。

因为 ××,我专门充了一年的会员。

——这是人们对一部剧或一档节目最高的赞美。

一个青年导演花十二年心血认认真真给中国拍电影,被豆瓣一天毁了。

——国产电影《纯洁心灵·逐梦演艺圈》在官方微博上刊发了一封致豆瓣的交涉函,如此声称。

饭不好吃,你得骂厨子,怎么能骂大众点评呢?

——针对沸沸扬扬的"豆瓣、猫眼低评分、恶评影响中国电影生态"一事,网友"暖小团"评论道。

中国电影观众是水平低,味蕾没打开,电影审美的培育是需要过程。但人家也只是想吃点大排档,谁知道那些不良商贩就悄悄给人上地沟油。最后怎么就成了观众好这口,不小心吃了垃圾的食客也成了垃圾。

——对于冯小刚"因为有很多垃圾观众,才形成那么多垃圾电影"的说法,编剧胡淑芬表示不认同。

所有人都知道电影是产业,但是大家都越来越忘记了电影是艺术。

——学者戴锦华在上海电影节上表示。

大体上,它们可以分为两大类。其一是中国官方或民间出资,联合当地组织机构主办的华语片海外影展,一般历史都非常不悠久;其二确实是血统纯正、略有年资,然而实在不入流的海外电影节。

—— 曾任《电影世界》杂志主编、时光网副主编的媒体人徐元撰文详解"国产片怎么拿到一个国际(街坊)电影节的大奖?",此为"国际(街坊)电影节"的定义。

妖猫是个催白居易交稿的编辑。

——陈凯歌新作《妖猫传》被解读为"一个编辑催稿的故事"。

我 19 岁去的宣传队，20 岁到的文工团。回忆往事的时候，很多事都会被忽略掉，但唯独这一段生活一直长在我的心里，挥之不去。当脑子一片黑白的时候，唯独这一段生活是有色彩的。

——冯小刚谈拍摄《芳华》的缘由。

手没了，我就不给你敬礼了。

——《芳华》的结尾，男主角刘峰这句平静道白令人联想到戴望舒的诗句——"用残损的手掌摸索这广大的土地"。

这个时代真好啊，大家联系不用手机，吃饭不刷微信朋友圈，找人喊一嗓子就找到了。但是世界会变的。

——电影《乘风破浪》中邓超扮演的徐太浪穿越回 20 世纪 90 年代的感慨。

有人做过统计，假如把香港黑社会片里死亡人数计算一下，总共死了 2653000 人，几乎三分之一香港人口都死在黑社会手上。

——谈及香港电影是否衰落时，作家马家辉表示，其实港产片最蓬勃的时候，很多电影是跟风的，比如一窝蜂拍赌博、黑社会题材；现在香港电影产业是萎缩了，但题材拓展了。

多独处，少交朋友，多看月亮，少吃麻辣火锅。

——《麦兜响当当》推出重映版，被问及用什么办法保持童真时，导演谢立文如此回答。

2017 年 5 月 5 日,杭州。《欢乐颂 2》发布会上,主演们集体亮相。(图 / 视觉中国)

江湖传闻,说《寻梦环游记》本来因为涉及灵异不能过审,但因为"感动(或细节具体到哭泣)审查人员"而上映。先不说这种制度与人情的扭曲纠缠比阴阳殊途有趣,只是不知道具体何处被感动到这样,不是个正规喜剧么,审查人员没上坟烧纸过么?

——作家贾行家的困惑。

因为平时已经好好照顾家人了,成立慈善基金的目的就是要帮助真的有需要的人。

——62 岁的周润发与妻子陈荟莲结婚 30 年膝下无子,决定在身后捐出近 56 亿港元家产做公益。

才女是个简陋的标签。

——在访谈节目《圆桌派》上,演员兼导演徐静蕾这样表示。

虽然这是个男权社会,但在精神上大家都是平等的。女人最自在的方式,是认清这个社会状况,然后清醒地活着。

——演员俞飞鸿做客《十三邀》,同主持人许知远谈女权。

虽然以她俩(女主角和女配角)的年纪,现在还不能完全理解影片的意义。但是我仍然感谢她们,为那些没有发出声音的孩子们发出了声音。

——文晏凭性侵题材影片《嘉年华》摘得第 54 届金马奖最佳导演奖,发表获奖感言时她这样表示。

美食跟爱情很像,你需要爱情,当你吃的时候你在品尝、寻找自己最合适的一个味道,你吃饱了之后,有一种很幸福的感觉,有一点眩晕。

——爱情电影《喜欢你》导演许宏宇说。

武功再高，也怕菜刀。

—— 马云主演的电影《功守道》的一句台词，出自国产漫画《那年那兔那些事》。

像鸟儿一样离开地面，冲上云霄，结果超乎你的想象。前往平时无法到达的地方，看见专属于高空的奇观，俯瞰这片朝夕相处的大地，再熟悉的景象，也变了一副模样。

—— 纪录片《航拍中国》开篇的解说词。《航拍中国》豆瓣评分高达 9.3 分，很多人表示，从来没有这样看过自己的家乡，美哭了。

遇见、陪伴、选择、礼物、第一次、眼泪、告别、勇气、家、味道、那一天、青春。

—— 这是《朗读者》第一季 12 集的主题词，学者毛尖表示，"简直集集泪光闪闪"。她在网上搜索《朗读者》相关报道，也几乎篇篇涉泪。在她看来，节制比动辄热泪滚滚有力量。

马东不仅不肯走出洞穴，而且挑明自己的主见：洞穴里挺好。没有比这更令哲人痛苦的了！

—— 访谈节目《十三邀》遭遇开播以来最大的争议，中山大学哲学系副教授张曦撰文称，主持人许知远是努力走出洞穴的哲人，但"他所做的一切，都不过是引导我们进入另一个洞穴"。

"限韩令"后，国产频道抄起韩国综艺节目来，那叫一个得心应手啊……

—— 品玩网（PingWest）作者一萌一篇文章的标题。据韩联社援引韩国广电行业消息称，经过对中国主流卫视的调查发现，至少有 7 档抄袭韩国的综艺节目在 2017 年开播。

一部剧的播放量 400 亿,网民总数才 7 亿,每个人都要看 60 次?

——2017 年的热播剧中,《三生三世十里桃花》的全网播放量约为 422 亿;《人民的名义》约为 309 亿;《欢乐颂 2》约为 252 亿;《我的前半生》约为 124 亿。播放量如此惊人,不免有"刷量"之嫌。

可能是偏见,国产都市剧还没有一部我看了不尴尬的,里边场景和人物造型都像拿个锣敲着喊,看哪看哪! 都市! 白领! 现代生活! 但内核全是新农村爱情故事,女人永远恨嫁,婆婆永远难缠,你爸也永远是你爸,人与人之间缺乏边界,生活得过于热闹,也过于在乎。

——网友"七颗栗子"对国产都市剧的看法。

他们只顾着带回国外先进的电器,却忘了带回电源。

——《深夜食堂》华语版一播出即引发争议,有 7 万多名豆瓣用户给它打一星。影评人卓别灵引用编剧史航说过的这句话,来说明美剧、日剧、韩剧的翻拍为什么容易"水土不服"。

我在如东客运站开了个沙县,经常在附近乞讨的老头和我说他要回老家了,不来了,问他原因,他说不需要钱了,得白血病的孙子走了……那一刻突然觉得活着都好不容易,每个人背后的故事都意味深长。我请他在店里吃了个饭,唠了会嗑,结束时他抹着眼泪走了,和我说了一句他说得最多的话:好人一生平安。

——在《深夜食堂》华语版遭遇群嘲的时候,自媒体人"@ 假装在纽约"在微博上征集中国式"深夜食堂"故事。最高赞(达 3 万多个)的故事来自"@ 一个理想主义的大人",如上。

作为一个源自日本应援文化的热词,打 call 渐渐有取代"加油"的势头。(插图 / 李雄飞)

从 20 世纪 70 年代起,师太(亦舒)花了大半辈子,写了三百多本书,想教化女性追求体面的人生。但在这一代中国女性的身上,还真是没起半分作用。我们不但要面对一部电视剧对于亦舒精神的双重背叛这件小事,更要面对真实生活里亦舒精神全面溃败这件大事。

——作家黄佟佟表示,电视剧《我的前半生》对亦舒同名原著小说的改编令人失望。

像我这种演员,可能稍微一不留神在家睡个懒觉,观众就把我给忘了。但是好在,我会努力完成每一个角色,我希望每个角色蹦出来的时候,观众又重新想起我。这种事情不是没有发生过。

——2017 年出演《白鹿原》《我的前半生》《绣春刀 II》三部影视剧的演员雷佳音终于红了。年轻人喜欢他的"丧萌"或曰"可爱丧",觉得有莫名的亲切感。

困难不可怕,自我设限才可怕。陶醉于神圣和崇高的幻象不能自拔才是真正的困境。

——曾执导《走向共和》《大明王朝 1566》《人间正道是沧桑》等历史正剧的张黎开拍玄幻 IP 剧《武动乾坤》,让人们不解。张黎表示,一个人只做自己熟悉和擅长的事情必定是顺,想寻求突破的时候必定会遭遇各种各样的困难。

我们不是打造童星,是打击童星。热闹了,诱惑多了,心就乱了。越是这种时候,越要给他们一些教育。

——"小戏骨"版《红楼梦》总导演潘礼平表示要对少年成名保持警惕。

我也愿意在一些非原则问题上尽量不扫别人的兴。比如当有人兴冲冲地谈起小孩子演的《红楼梦》，说演得真好啊，你看了没有。我就说看过一点儿，小孩儿们是挺可爱。就没好意思说我看了一点就尴尬得不敢看下去了。让丁点儿大的孩子去模仿爱情和嫉妒，是成年人的恶趣味。

——饭否用户"第二编辑部"对于"小戏骨"版《红楼梦》的看法。

睡前看到了朴树唱《送别》低声抽泣的样子。是存在这种人的，非常非常脆弱，但他的脆弱也特别特别珍贵。我想啊，柔软，敏感，脆弱，它们都是很好很好的词语，它代表着另一种程度的温柔，别试图丢掉它们。珍惜你的敏感，虽然你的痛特别痛，但你的快乐也格外快乐。

——饭否用户"夏废"说。

我不拒绝社交，我只是觉得我自己待着更舒服，更有意思。坦率地说，这个社会越来越单调了，好像大家都变成同一种人，脑子里想的是同一件事，感觉自己心里挺没底的。

——歌手朴树说。

听说我的保温杯在微博上火了？我已经用了 20 年保温杯了。

——黑豹乐队鼓手赵明义如此表示。

不可想象啊！不可想象啊！当年铁汉一般的男人，如今端着保温杯向我走来。

——一个摄影师对保温杯的无意吐槽，经过社交媒体的发酵，终于成就了一场舆论狂欢。这位摄影师口中"当年铁汉一般的男人"正是赵明义。保温杯也因此成为"中年危机"的另一种表达。

保温杯摇滚：唯有枸杞、菊花与钞票不可辜负。

—— 日本某保温杯品牌成为"黑豹乐队 30 年本色演唱会"的赞助商，其 logo 出现在海报上，还配以文案——"杯中不止茉莉和枸杞，还有摇滚和你"。对此饭否用户"夜骸"评论道。

杰伦演唱会上那个失恋的女孩还没开始点歌就哭了，杰伦开玩笑问她要点《算什么男人》吗。女孩摇摇头说，他人很好的，我们不是因为他不好而分手的，想点一首《超人不会飞》，以后就算不是我，是其他爱他的人，就算他不会飞，但他也是超人，压力不要这么大。杰伦问女孩要不要合唱，女孩摇着头泣不成声。

—— 饭否用户"枭兀"记录的周杰伦演唱会上的一幕。

你有 Freestyle 吗？

——2017 年娱乐圈的画龙点睛之笔，来自吴亦凡在《中国有嘻哈》节目上的这句口头禅。

老子吃火锅，你吃火锅底料。对你笑呵呵，因为我讲礼貌。

——《中国有嘻哈》第一期，歌手 Gai 喊出这两句来自《火锅底料》的歌词。获得冠军后，他将奖金 100 万元全部捐给希望工程："花给音乐和孩子，值了！虽然我也想整辆豪车开开，但我相信我的人生不只是这100万。"

嘻哈是一种音乐文化形式，是一个泛名词，而不是美国嘻哈、黑人嘻哈就是所谓嘻哈。每个国家、地区都应有属于自己的嘻哈，中国嘻哈更应该建立在自己的文化、环境、圈子中去发展，而不是直接拿来，这样最直接的问题就是"文化差异爆炸"。

——针对歌手、《中国有嘻哈》冠军 PG One 将自己歌中的负面元素归因于黑人文化的影响，某嘻哈圈内部人士这样表示。

2017 年 5 月 27 日,浙江乌镇,中国围棋峰会人机大战三番棋第三局,柯洁九段执白对阵 AlphaGo。结果是柯洁三局皆负,完败 AlphaGo。(图 / 东方 IC)

无论是版权方还是音乐平台也没有什么耐心培养用户对作品的付费习惯,他们选择了更讨巧的方式——与其让一首好听的歌被 10 万人购买,不如圈住 1 万粉丝每个买 10 次。

——品玩网(PingWest)作者"明宇小姐"的文章认为,互联网正在把音乐行业变得越来越不像音乐行业,音乐已经沦为粉丝经济的副产品。

你注意到没有,当你在嗑瓜子儿,即便讨论的是地球毁灭,大家也很难严肃起来。

——漫画《老鼠什么都知道》的主角是两只极度话痨的老鼠,这是其中的台词。创作者海带表示,21 世纪初期的中国,从各个角度来看,都是老鼠生存的黄金时代。

我向所有女性主义姐妹检讨:我来看秀,也受到惩罚,已经在外面被冻得半死了,居然要求穿夜礼服。

——BNC(薄荷糯米葱)中国设计师店投资人、iLOOK 杂志出版人洪晃在微博上表示,上海"维密秀"进场像逃难一样,然后大家开始抢位子。她还如此吐槽。

奚梦瑶,她犹如一袋湿水泥一般跌倒,还偷走了舞台的聚光灯。

——名人八卦新闻网站 TMZ 评论中国超模奚梦瑶在上海"维密秀"的那一摔。

大家好,给大家介绍一下,这是我女朋友 @ 关晓彤。

——2017 年 10 月 8 日,鹿晗在微博上公布恋情,在 24 小时内即获得 200 多万条评论。因瞬间流量过大,微博服务器一度崩溃。

鹿晗,你告诉我,是不是因为关晓彤解了个二元一次方程你就爱上她了。

—— 鹿晗公布恋情,一个鹿饭在朋友圈连发 11 条微信控诉鹿晗是个渣男。解题的梗出自关晓彤上《奔跑吧,兄弟》时,她解答了一道二元一次方程题,结果被在场的一众明星(包括邓超、郑恺、陈赫等)奉为"学霸"。

90 后、00 后生活在一个消解、解构、什么都无所谓的文化环境里,叛逆有什么了不起? 美好、积极、纯粹的情绪反而是他们渴望的稀缺品。所以他们更愿意选择一个看起来很干净、很纯净的人作为偶像。

—— 长期从事粉丝心理研究的北京大学心理学博士李松蔚的看法。

这台晚会根本就不是让你来欣赏表演的—— 它是在刷广告中插播表演,表演是次要的,卖货才是真正的目的。

—— 天猫"双十一"晚会被称为"猫晚"。2017 年的"猫晚"请来章子怡、吴亦凡、李宇春、范冰冰、莫文蔚、张杰、妮可·基德曼、莎拉波娃、菲戈等中外大咖,阵容堪比春晚。品玩网(PingWest)作者"明宇小姐"评论道。

演戏也是一种学习,每晚睡前会看一套专业丛书,又看了一些诺贝尔数学奖得主的小文章,让我发现了数学的乐趣。

—— 演员靳东说过的这句话使他遭到群嘲:诺贝尔并没有数学奖。

谣言止于智者,智者会给出实锤证明谣言是真的。

—— 豆瓣用户"冰山李"这句话可以用来印证新成语"求锤得锤"——李雨桐曝歌手薛之谦骗财骗色,薛的粉丝反驳称没有证据,结果李雨桐逐个上传证据,这就是所谓"求锤得锤"。

我总感觉，那傻娘们儿是德云社派到侯耀华身边去的。

——侯耀华被曝给"徒弟"安娜金买包包、送情侣手表，有阴谋论患者这样揣测道。

晚上陪达康书记喝了两杯。

——兰州一男子醉驾被查。在被带至医院的途中，该男子饶有兴趣地跟民警聊起《人民的名义》，还说了这句话。

政府是整个社会的最后一道保险，就像银行里的保险柜，对社会事务有一种兜底的功能。但如果每一件事都用"最后一道保险"的思路去处理，时间久了可能就会影响活力。毕竟钱都放在保险柜里也不是办法。

——2017年1月，被体育总局推荐担任中国篮协主席后，姚明接受《人民日报》采访时表示。他的意思是：让政府的归政府，社会的归社会，市场的归市场。

这个问题突然让我想到了2004年的时候，当年我们聘请了第一位外籍教练哈里斯，他问我中国男篮最大的问题是什么，我当时回答说：最大的问题好像是没有一个最大的问题，到处都是问题。

——姚明当选中国篮球协会主席。当被问及中国男篮最大的问题是什么时，他如此回答。

这两美元，我一直都带在身上。

——在NBA 11号球衣退役仪式上，姚明提起自己参加新秀赛季的一个故事：时任火箭队总经理道森给姚明封了一个两美元的春节红包。姚明问为什么不是10美元，道森回答：因为（红包）有工资帽限制。

2017 年 10 月 11 日，杭州云栖大会上，马云与李健对唱《传奇》。（图 / 视觉中国）

这一刻我们无心恋战……只因想念您刘国梁。

——2017 年 6 月，国家乒羽中心宣布，刘国梁不再担任中国乒乓球队总教练，改任中国乒乓球协会副主席。消息公布时正值中国乒乓球赛期间，包括马琳、马龙、许昕、樊振东等在内的众多新老国手纷纷在微博上发声。

我真的没想到。其实队长头衔并不重要，重要的是和大家共同撑起中国游泳的一片天。

——曾经的"坏孩子"孙杨被任命为中国游泳队队长，这一职位已空缺三年。孙杨这样表示。

一晃四年过去了，我从男孩变成了男人，经历了很多。

——宁泽涛在全运会 100 米自由泳和 50 米自由泳项目中夺得金牌，实现卫冕后如是说。

呃……这……就担当起来呗。

—— 被问到如何看待"颜值担当"这个称号时，在匈牙利游泳世锦赛上拿到男女混合 10 米跳台冠军的练俊杰如此回答。

心有余而力不足吧。就是感觉明明有开天辟地的能力，最后打开一条缝隙。

——"洪荒少女"傅园慧以 0.01 秒差距在世锦赛中摘取银牌。赛后，她如此评价自己。

谢谢聂老师。

——2017 年 1 月，网名为"Master"的神秘棋手连续战胜柯洁、聂卫平、古力、朴廷桓（韩国围棋冠军）等顶尖高手，获得 60 连胜后，表明自己就是 AlphaGo。它战胜聂卫平后，在屏幕上打出这句话，有人说，这可以作为科幻小说的绝妙开头。

人类与人工智能共同探索围棋世界的大幕即将拉开,新的围棋革命正在进行着。

——古力在输给 AlphaGo(Master)后写道。

聂卫平时代:感谢国家,感谢人民的信任和支持;常昊时代:对手很强,向对手学习一盘,平常心;古力时代:双方都有机会,努力争取,我会尽力的;柯洁时代:我觉得自己棒棒哒!

—— 中国棋院给 AlphaGo 颁发围棋九段证书,聂卫平说它的段位"至少 20 段"。饭否用户"珠元宝"如此点评中国历代棋手。

传统行业都不太景气,我们有的比赛,恨不得十年前怎么办,现在还是怎么办,奖金十年能涨个两万就不错了,房价涨了十倍不止。必须想办法让更多人关注我们这个传统项目,都那么四平八稳,谁看?

——棋手柯洁这样表示。2017 年 12 月,他获得 2017 年度中国十佳劳伦斯奖。

未来中国队要冲击 2022、2026 年世界杯,都不如愿就要冲击 2030 世界杯,那时候我 82 岁。我肯定还是希望中国队 2026 年能冲击成功。如果 2030 年才出线的话,我会拄着拐杖来庆祝中国队进军世界杯。

——69 岁的中国男足教练里皮这样表示。

那些最好的中超球队大概是法甲 10 名开外水平,其他中超球队大概是法乙和法丙水平。

——中国男足前主帅佩兰在接受法国媒体采访时如此说道。

在中国，从事足球的孩子们缺乏在校的学习时间，这种情况在踢球时并不会有太大影响，但是当他们退役后成为教练会出现问题，这会让他们缺乏逻辑思考能力。

——清华大学教授葛惟昆认为，中国足球的根本问题是文化问题，并援引日本足球教练冈田武史的这一说法作为论据之一。

申办世界杯可以说是迟早的事情，因为它是白纸黑字写进了《中国足球改革发展总体方案》。

——中国足协常务副主席兼秘书长张剑表示，申办世界杯将是国家工程，具体申办哪一届还要综合各方面情况。

你必须接受一个超大概率的、合乎逻辑的结果，而不是总期待着不可思议的"惊喜"一再发生。

——2017 年 9 月 5 日，2018 年世界杯预选赛亚洲区 12 强赛 A 组第 10 轮中国国家队客场 2∶1 战胜卡塔尔，但仍然位列小组倒数第二，无缘俄罗斯世界杯。澎湃新闻署名"然玉"的评论文章写道。

《星球大战：原力觉醒》宣传照。2017 年是"星球大战"系列电影上映 40 周年。

娱乐·体育

（国际）

献给会做梦的人，献给会疼的心，献给我们制造的混乱。

——《爱乐之城》

到法庭上直面这种罪行是一种孤独且让人精疲力竭的经历。即便打赢了官司,即便你有经济实力为自己辩护,也是如此。尽管现在人们对工作场所性骚扰的意识提高了,但还有那么多受害者,她们害怕侵犯者,对周围环境也感到担忧,因此保持沉默。

—— 歌手泰勒·斯威夫特作为《时代》2017 年度人物"打破沉默者"中的一员,登上《时代》杂志封面。她曾控告一名 2013 年骚扰她的前电台主持。

我所做的是忽视已发生的事情,把那些当作轻度不良行为。我现在说任何话听起来都像很烂的借口。

—— 好莱坞知名制片人哈维·韦恩斯坦性骚扰丑闻曝光,他的多年好友、导演昆汀·塔伦蒂诺公开表示,几十年来一直知道韦恩斯坦的行为,却从未坚定阻止。

我看到新闻推送时,惊讶得嘴都合不上,当时眼泪就下来了。这让我震惊到发抖。哈维还想让我的团队去处理这次危机,我和他说,别想了,这事我们不干。

—— 性骚扰丑闻曝光前,韦恩斯坦曾安慰公司的公关负责人妮可·昆卡,说自己也许做过一点不道德的事,但绝不犯法,让她不要担心。事发后,昆卡这样表示。

因为"韦恩斯坦性骚扰事件",出现了对基于女性的性犯罪的觉醒潮流,在工作场合,这是必需的。但是这场自由的演讲开始违背了自我,人们在被恐吓得用正确的方式说话,或者对使他们愤怒的东西保持沉默。不愿顺应这些强制命令的人,被看作叛徒和帮凶!

—— 包括凯瑟琳·德纳芙、克里斯蒂娜·布瓦松、英格丽·卡文在内的约 100 名法国女性艺术家、医生、记者、性专家等在《法国世界报》签署公开信,批判好莱坞反对性骚扰的活动如 #Metoo# 等会矫枉过正。

她（米歇尔·威廉姆斯）是一个才华横溢的女演员，有奥斯卡提名（4 次），拿过金球奖。她演戏 20 年了，值得获得超过合作男星片酬的 1% 的薪水。

—— 雷德利·斯科特执导的电影《金钱世界》因凯文·史派西性丑闻事件而补拍，马克·沃尔伯格酬劳达 150 万美元，女主角米歇尔·威廉姆斯则按日薪 80 美元计酬，9 天共计不到 1000 美元。演员杰西卡·查斯坦这样表示。

约翰·肯尼迪总统曾说："艺术生活非常贴近国之目的的核心——也是对一个国家文明素质的检验。"说得太对了。这也是为什么我们必须明确有力且坚定不移地支持音乐和艺术，以及它们的创造者。

——格莱美基金会主席尼尔·波特诺在第 59 届格莱美奖颁奖仪式上的发言。

好莱坞到处都是圈外人和外国人，如果我们把他们都赶出去，那么除了橄榄球和综合格斗你将没有东西可看，而那些并不是艺术。

——2017 年 1 月 8 日，梅里尔·斯特里普获得第 74 届金球奖终身成就奖，她在获奖感言里暗讽特朗普。

我们需要有原则的媒体，聚集起力量去报道每一次暴行，把每一个施暴者拖到公众面前，接受他应得的斥责……所以在这里，我请求最"高冷"的好莱坞外国新闻协会及在座的各位和我一起，支持这个委员会来保护我们的记者们，因为我们需要他们战斗在最前线，而他们竭力争取的事实与公正，则需要我们去维护。

——梅里尔·斯特里普在第 74 届金球奖颁奖礼上的这一段发言，对于全世界身处寒冬季节的媒体人来说不啻雪中送炭。它也在中国社交媒体上被刷屏。

当地时间 2017 年 7 月 8 日,巴黎,歌手席琳·迪翁跟粉丝打招呼。(图 /IC)

《银翼杀手 2049》很好地渲染了在我们的全球资本主义中,统治精英内部的那种对抗,即国家及其机器(人格化为乔什)与追求进步到自我毁灭的地步的大企业(人格化为华莱士)之间的对抗。

——哲学家齐泽克说,电影《银翼杀手 2049》反映了后人类资本主义的一种看法。

就像我们把一台 Gopro 摄像机绑在拿破仑骑的马上拍摄,也不会让我们对滑铁卢战役有任何了解一样,克里斯托弗·诺兰选取的角度是如此狭隘,也不会让我们对当时的历史有任何理解。

——法国《费加罗报》评诺兰导演的电影《敦刻尔克》。

我总相信作品才是最重要的。我并不觉得我需要去取悦所有人,让大家都喜欢我,因为说真的,我并不打算和全世界成为朋友,我更希望人们去看那些我参与的作品。

——《敦刻尔克》主演菲恩·怀特海德表示。

无论你如何攻击他,都没有用。无论曝光什么,他都屹立不倒。真相、现实和大脑都打败不了他。即便他自己伤到了自己,他第二天早上也会照样起来,继续干他的活儿,发他的推特。这一切将由这部电影来收尾。

——曾拍摄纪录片《华氏 911》揭批小布什政府的导演迈克尔·穆尔在戛纳电影节上表示,他正在准备的另一部纪录片《华氏 119》将目标对准了特朗普,称特朗普应该对此感到害怕。11 月 9 日是 2016 年美国总统大选结果揭晓的日子。

偏见没有两面，仇恨没有两面……唯一能击败响亮、愤怒的仇恨之声的，是更响亮、更理性的声音。我知道，你们生来并没有这些仇恨观点，没有人是这样的。但事实是，你们还来得及去学习、去改变、去理解，所有人都同样有价值。

——2017 年 8 月 17 日，阿诺德·施瓦辛格发布短片，对特朗普和新纳粹等人喊话。

你要增强"单纯做自己"、别的什么都不做的能力。手机正在夺走人们的这种能力。在生活的所有表象之下，是永恒的空虚，一切都没有意义，人是孤独的。有时候你心无杂念，什么都没看，你在开车时，突然发觉孤单来袭，悲伤感来找你了，你感觉活着很可悲，所以我们一边开车一边发短信。人人都在用汽车相互残杀，但人们情愿冒着撞死他人并毁掉自己的生活的危险，也不愿忍受片刻的孤独。

——美国演员、编剧路易斯·C.K. 说。

迪士尼正在变成"好莱坞的沃尔玛"：庞大并占据主导地位。

——迪士尼收购 21 世纪福克斯公司旗下的影视资产（包括电影工作室、FX 和国家地理等有线电视频道），该项交易的价值高达 524 亿美元。在 2016 年美国和加拿大的总票房收入中，这两家公司占据了 40% 以上的份额。媒体分析师巴顿·克罗克特评论道。

华语片介于欧洲多见的传统作者电影和大的、多元的商业电影之间，我们觉得不太适合戛纳。

——记者问戛纳电影节片单里为什么没有华语片，电影节主席福茂回答说。

即使在一个充满魔法、飞龙在天和致命超自然异鬼的世界里，这部流行剧也有很多经济方面的教训。首先，维斯特洛展示了一个没有金融家或者透明贷款的世界的麻烦：政府永远债台高筑，而很少有公民能够自我投资。

——美联社文章说，从《权力的游戏》中能学到一些重要启示。

在社会中还有很多令人心酸的事实，我们却对此熟视无睹。这些苦难，却让我深感不安，感到哀伤。有时我会想，干吗要去思考这些与我无关的事情呢？我的生活幸福美满，别人的苦难与我何干呢？但是它确有干系。因为我也是这个社会中的一分子。一连串的事情把你我和社会的每一个人都联系在一起，一呼一吸中，体会心中的共鸣……我想讨论一些关系印度民生的话题，不责难任何人，不中伤任何人，也不制约任何人……我无心激化矛盾，只为能改变这个时代。无论是谁的心中，只要有星星之火，必将成燎原之势。

——印度演员阿米尔·汗解释自己主持揭露印度社会问题的电视节目《真相访谈》的原因。

阿米尔·汗用自身实践诠释了印度版的"无穷的远方，无数的人都和我有关"。而中国的年轻一代演员，则身体力行了鲁迅先生的下一句话"我有动作的欲望——但不久我又坠入了睡眠"。

——"土逗公社"作者理识平评论印度电影《摔跤吧，爸爸》主演阿米尔·汗。其中引用的鲁迅的两句话出自《且介亭杂文附集》。

当地时间 2017 年 10 月 8 日,美国德克萨斯州艾灵顿, 2017NFL 常规赛上,绿湾包装工队对阵达拉斯牛仔队。图为身着 2 号球衣的绿湾包装工队球员曼森·科洛斯比准备开球。(图 / 视觉中国)

狂热地爱着梵高的笔触，而一切都活了起来，那感觉实在是太妙了！就像进入一个平行世界，和梵高跨时空对话。当他以特殊的方式转身离开，黑暗中的我早已泪流满面。

——全球首部全手绘油画电影《至爱梵高》令人震撼，有豆瓣用户留下这样的评论。

这是一部献给心怀梦想的人的电影，所以，对于质疑你们梦想的人，你就给他们一个耳光。任何被拒绝的演员都要坚持下去。

——演员艾玛·斯通凭《爱乐之城》获评第 74 届金球奖音乐 / 喜剧类电影最佳女主角，这是她的获奖感言。

即便别人认为他们是傻瓜，但他们一个响指就跳进河里，不管不顾，什么都不怕，只是执着地追求自己的梦想。

——《爱乐之城》导演达米恩·查泽雷表示，片中姨妈跳塞纳河的细节源于电影《祖与占》，在他看来，这种做法象征着"疯狂的梦想家"。

死亡并不意味着结束。我觉得死亡不是一件恐怖的事情，这是自然而然的事情，我们都会经历。死亡只是一个新的开始，一切都会死后重生。

——《寻梦环游记》让人们知道了墨西哥有个"亡灵节"。化妆师爱德华多·乔万尼说的这句话，可以反映墨西哥人的死亡观。

因为你们已经看了 20 遍《战狼 2》了。

——《蜘蛛侠》北京发布会上，导演乔·沃茨回答"为什么中国观众要去看这部《蜘蛛侠》"。

在喜剧电影里描写死亡是禁忌,但我想挑战一下,想仔细描绘出"死"带来的滑稽和混乱。希望观众们能边笑边反思社会的等级差别。

——山田洋次导演的电影《家族之苦2》关注"无缘社会"问题,即很多日本人"无社缘"(没有朋友)、"无血缘"(和家人关系疏离甚至崩坏)、"无地缘"(与家乡关系断绝)。86岁的山田洋次在影片开拍时表示。

你的身体不等于真正的你。

——网飞(Netflix)投拍科幻剧《碳变/副本》(*Altered Carbon*)。该剧改编自理查德·摩根的同名小说:250年后,人的思想意识可数字化储存,在不同躯体传递。

新闻和娱乐之间存在一些相通之处。娱乐和新闻永远都应该相互独立,但你应该径直走到分界线上,并把你的脚趾放在上面。

——美国福克斯新闻创始人之一、前董事长罗杰·艾尔斯去世。他2003年接受Broadcasting & Cable杂志采访时曾这样表示。

摇滚乐如果要换一个名字,它应该叫查克·贝里。

——2017年3月18日,美国摇滚乐先驱查克·贝里去世。这是约翰·列侬对查克·贝里的评价。

我心目中的詹姆斯·邦德是身穿晚装的卡通超级英雄,他的任务就是反映出一个二手、二流的时代,进而超越这个时代,在一个怎么笨拙乏味就怎么来的世界里,做一个聪明酷炫的男人。没有人能比罗杰·摩尔干得更好了。

——《纽约时报》影评人A.O.司各特的看法。

亚历山大和艾拉是没有阶级性的。叫这样名字的人,既适合当好莱坞明星,也适合做律师。

——英国记者艾利克斯·曼森－史密斯说,乔治·克鲁尼为他的龙凤胎取了两个很普通的名字。

我想要孩子们知道在需要时求助并不丢人,并给予需要帮助但害怕迈出第一步的人力量。

——集演员、导演、编剧、制片于一身的本·阿弗莱克在完成酗酒治疗后,袒露自己决定寻求帮助的初衷是想为自己的孩子们做个好榜样。

缠绕我国已久的噩梦结束了。

——2017 年 1 月,经过 8 个月的官司,现年 52 岁的影星约翰尼·德普与 30 岁的妻子艾梅柏·希尔德正式离婚。艾梅柏的律师引用了美国前总统杰拉尔德·鲁道夫·福特的话来评述。

首先你得眯下眼睛,好像很生气的样子,然后抿着嘴唇,要诀是抽搐几下嘴唇,撩下头发然后离开,动作要快。

——饰演不少"坏女孩"角色、被视为"好莱坞四小花旦"之一的艾玛·罗伯茨非但不介意观众的负面评价,还曾在做客《今夜秀》时亲身示范如何做出一个满分"碧池脸"(Bitch Face)。

过去三个月间,航空公司单是靠行李运输费就挣了破纪录的 12 亿美元。但是我要说,他们只是拿到了一半的钱。航空公司搞丢了另一半。

——《深夜秀》主持人詹姆斯·柯登说的俏皮话。

当地时间 2017 年 2 月 26 日，美国好莱坞，第 89 届奥斯卡颁奖礼举行。艾玛·斯通凭《爱乐之城》获得最佳女主角，莱昂纳多·迪卡普里奥向她庆贺。(图 / 视觉中国)

一位加拿大心理学家在出售一种视频,教你如何测试你养的狗的智商。它是这样测的:如果你花了 12.99 美元买这个视频,你的狗就比你更聪明。

——美国脱口秀主持人杰·雷诺说的一个段子。

当你感觉不知所措的时候,给身边的人唱歌。那个人也会给他身边的人唱歌,这样一来你拥有的这股力量将越来越大。

—— 在美国经典浪漫喜剧电影《土拨鼠之日》中饰演男主角的比尔·默里观看了由这部电影改编的同名百老汇音乐剧之后,如此评价音乐为这个世界带来的正能量。

我也许画到一半就死了也不一定,但是比起什么都不做,倒不如在作画的过程中死去还比较好。

—— 2017 年 10 月,动画大师宫崎骏宣布,自己正在创作新作《你想活出怎样的人生》。这意味着他在 2013 年宣布隐退后,又一次复出。他曾在采访中这样表示。

这个世界也需要无用的东西呀,要是什么都有意义的话,不是叫人喘不过气来嘛。

——日本导演是枝裕和作品《奇迹》中的一句台词。

我觉得没必要所有人都拥有上进心,又不是所有人都想成为有钱人,不是所有人之间都存在竞争。每个人都会有正好适合自己的地方。

—— 热播日剧《四重奏》中的金句。澎湃新闻作者戴桃疆认为:"日剧金句是去功利化的,它将这个过分追求'有用'的世界所忽视的无用的东西坦荡地端到台面上来,以无用给无用之人以宽慰。"

一起加油吧！因为想得到的东西还有很多！

—— 日剧《东京女子图鉴》这句话，被视为"中年少女"的座右铭。

命运无常，声无哀乐，世间万物不喜不悲，但是人借自身情感之力赋予外物以意义，从而得以审慎对待自己、他人以及周遭，或许这就是日本"物哀"文化的一部分。

—— 冰川思想库助理研究员陶力行评《深夜食堂》剧场版，并引用木心的话说，这种态度是"很厉害的，不好对付"。

其实我们的版权费不贵，而且买了版权我们还会教你更精细的制作过程，但是大家还是在抄袭，这令我们很痛心。

—— 湖南卫视综艺节目《中餐厅》被指抄袭韩国综艺节目《尹食堂》。制作过《两天一夜》《花样爷爷》《尹食堂》等节目的金牌制作人罗英石这样表示。

北京奥运会是一届美轮美奂的奥运会，给全世界留下了好印象。他们有很多城市具备举办奥运会的实力，除了北京，还有上海、广州、深圳等，或许他们可以考虑在不久的将来再次承办奥运会，以展示大国形象，这对各方来说，无疑都是一个比较好的结果。

—— 2024 年夏季奥运会只有巴黎和洛杉矶这两座城市提出申办，令投票失去了意义。国际奥委会甚至有将奥运会固定在某个国家的想法。国际奥委会主席巴赫希望中国再次出手。

我们向来每年都举办大型活动。这算是我们的第二天性。

—— 美国洛杉矶市市长埃里克·加塞蒂解释洛杉矶热衷申办奥运会的动机。洛杉矶和巴黎两座城市达成协议，由巴黎主办 2024 年奥运会，洛杉矶主办 2028 年奥运会。

韩国冬奥会计划售出 107 万张门票,但截至(2017 年)9 月下旬,只卖出了 31.2 万张,连三分之一都不到。

——据路透社报道,韩国冬奥会筹办艰难,距开幕 5 个月之际,还有三分之二的门票积压。

中国的钱很吸引人,但我更想执教高水平的联赛,我才 53 岁,还年轻。很多年后我才会考虑去中国。

——曼联主帅穆里尼奥表示。

我们在说的是一个有潜力成为世界最佳球员的人。他有市场潜力,他是个天生的明星,不像梅西,在镜头前总是看起来有些生硬。为什么布拉德·皮特拍一部电影可以拿 2000 万美元,一个注定不能踢到 40 岁的足球运动员就不应该拿这么多?

——英国广播公司记者费尔南多·杜亚特评内马尔 2.22 亿欧元的转会费。

地球表面 70% 的面积都由水覆盖,而剩下的 30%,那都属于坎特。

——不知疲倦的奔跑再加上出色的抢断、拦截、预判与补位能力,让坎特继当选英格兰职业球员工会(PFA)年度最佳球员之后,又被英格兰足球记者协会(FWA)评为英超年度最佳球员。

我听见拍球声。没有开灯。训练大概在 11 点开始,那时候才 9 点、9 点半左右,然后我去球场看了看,发现科比·布莱恩特在那儿。他摸着黑在投篮,我在那儿站了大概 10 秒,当时我说"这孩子必成大器……我觉得他会很出众"。

——洛杉矶湖人队举行科比·布莱恩特的 8 号、24 号球衣退役仪式。湖人前主教练拜伦·斯科特表示,科比 18 岁时,他就断定科比必成大器。

每年 5 月举行的纽约大都会艺术博物馆慈善舞会（Met Gala）的红毯环节,被誉为时尚界奥斯卡。（图 / 视觉中国）

地球是平的。

——持这一看法的 NBA 球星凯里·欧文应该加入地平协会——一个支持地平说，反对地圆说的组织，由英国人塞缪尔·申顿于 1956 年建立。欧文表示："我觉得人们应该自己去调查调查地球是不是圆的。很可能，他们要么支持我的观点，要么会把我的观点丢到水里。但是我觉得人们自己去研究研究看是很有趣的。"

欧文是我的小兄弟，他说地球是平的，那就是平的吧。

——NBA 球星、曾与凯里·欧文在克利夫兰骑士队并肩作战的詹姆斯·勒布朗这样表示。

我愿意喝斯嘉丽·约翰逊的洗澡水。

——金州勇士队球星凯文·杜兰特一直仰慕斯嘉丽·约翰逊。早在 2011 年，面对杜兰特的示爱，斯嘉丽回应道，如果杜兰特拿到总冠军，不介意给他喝洗澡水。2017 年杜兰特圆梦成功，表示依然愿意喝她的洗澡水。但斯嘉丽表示，自己就没说过这样的话。

街上都是牛和流浪狗。从知识和经验上来看，印度要落后 20 年。

——杜兰特在游览印度之后的观感。随后，他在社交媒体上为这番话道歉。

我当初就应该送他们去坐牢！

——包括利安杰洛·鲍尔（NBA 新秀鲍佐·鲍尔的弟弟）在内的三名 UCLA 球员涉嫌偷盗被中国警方逮捕。当时正值特朗普在中国进行国事访问，三人很快获释，却不知感激，特朗普立即反击。

我代表国家队参加的最后一场比赛,居然是世界杯预选赛的失败之战,这太丢脸了。

——2017 年 11 月 14 日,意大利队在欧洲区预选赛附加赛中与瑞典队战平,最终以两回合 0∶1 落败,无缘俄罗斯世界杯。这是意大利队 60 年来首次无缘世界杯, 39 岁的传奇门将布冯这样表示。

今天,我们完成了复兴之路上的关键一步,未来我们承诺将会一步一个脚印,带领这支传奇的队伍重回世界巅峰。

——AC 米兰股权转让正式完成,罗森内里公司主席李勇鸿替代贝卢斯科尼成为俱乐部主席后表示。

我不会说我是最出色的教练,因为我不是,我能说的是,我热爱足球,我努力工作,但关键在于你拥有的阵容。

—— 皇家马德里队在欧冠决赛中卫冕。当被问及是否认为自己是世界上最优秀的教练时,皇马主帅齐达内如此回答。

关于谁是最好的网球运动员或足球运动员,大家还会有不同的看法,但绝对没人会讨论,博尔特是不是最伟大的短跑运动员。

——2017 年 8 月 7 日,博尔特宣布退役。国际田联主席塞巴斯蒂安·科评论道。

去曼联当 7 号吧。

—— 关于博尔特退役后的去向,有人如此建议。这是博尔特的梦想。还有人脑洞大开:不如他去送外卖? 这样就不用担心叫了外卖一小时还没送到了……

从他招牌的"闪电"姿势到在赛道周围的玩闹,再到他声称在北京奥运会期间吃了"大约 1000 个"鸡块,博尔特爱玩的性格已经成为他巨星气质的一部分。一些批评会不时出现,说他在冲线之前卖弄作秀,但这无损粉丝对他的爱戴。在退役之前,他是全世界社交网络上最受欢迎的田径运动员之一,他在脸谱网上有近 1900 万个粉丝。

—— 英国广播公司网站文章列举了博尔特值得被称作传奇的 9.58 个理由。

我不想要这个头衔,因为我不希望中印军队在边境对峙,我希望边境和平,我想把这次胜利的果实献给中印友谊,这个信号是关于和平的,和平才是最重要的。

—— 在印度孟买进行的 WBO168 磅超中量级东方金腰带和亚太金腰带统一战中,印度拳手辛格战胜了中国拳手,却选择将金腰带送给对手。

如果与实力差距悬殊的对手比赛,就不能学到任何东西。因此只有通过自己对自己的挑战,才会让训练变得更有价值。

—— 在 Dota 2 国际邀请赛中,来自 Open AI 公司的机器人击败了世界上最优秀的职业玩家之一夺冠。Open AI 首席技术官格雷格 · 布洛克曼赛后这样表示。